Die serbische Hauskommunion
(Zadruga).

Die serbische Hauskommunion (Zadrůga)

und

ihre Bedeutung in der Vergangenheit und Gegenwart.

Von

Dr. Milan Marković.

Leipzig,
Verlag von Duncker & Humblot.
1903.

Meinem Freunde

Dr. phil. et jur. Adolf Weber
in Bonn

zur Erinnerung an die gemeinsam
verlebten Tage

gewidmet.

Vorwort.

Nicht wenige wissenschaftliche Arbeiten sind in Deutschland bekannt geworden, die Äufserungen über die serbische Hauskommunion enthalten. Ihnen allen haftet der offenbare Mangel an, dafs die Verfasser die wirtschaftlichen Verhältnisse Serbiens aus eigener Anschauung nicht genauer kennen, ja sogar — mit wenigen Ausnahmen — auch eine oberflächliche Kenntnis der serbischen Sprache nicht besitzen. Es scheint daher wohl berechtigt, wenn in der Diskussion auch einmal ein Serbe das Wort ergreift; das soll auf den folgenden Blättern geschehen. Ich war bemüht, zwar in knapper Form, aber doch von allen Seiten, die Probleme, welche mit der serbischen Hauskommunion in Verbindung gebracht werden, zu erörtern.

Es ist für mich eine angenehme Pflicht, an dieser Stelle meinen hochverehrten Lehrern, den Herren Professoren Dietzel und Gothein, insbesondere aber meinem lieben Freunde Dr. Adolf Weber für die wertvolle Hilfe, die sie mir bei Ausarbeitung meines Themas zu teil werden liefsen, herzlichst zu danken.

Belgrad, April 1903.

Milan Markovitsch.

Inhaltsübersicht.

Einleitung.
Die gegenwärtige Lage der Landwirtschaft in Serbien . Seite 1

Erster Abschnitt.
Begriff, Wesen und Organisation der Zadrůga . . . 18

Zweiter Abschnitt.
Ursprung der Zadrůga und ihre Stellung in der Geschichte des Grundeigentums 27
1. Zur Kritik der Theorie Laveleyes 29
2. Zur Kritik der Theorie Hildebrandts 41
3. Zur Kritik der Theorie Peiskers 47
Ergebnis der eigenen Beurteilung 56

Dritter Abschnitt.
Die rechtlichen Verhältnisse der Hauskommunion . . 62
1. Unterschied der Hauskommunion von der Einzelfamilie und die Bedeutung dieses Unterschiedes 62
2. Rechtsverhältnisse unter Lebenden 67
3. Erbrecht 70
   a) Im allgemeinen 70
   b) Teilung insbesondere 74
4. Gesamturteil über die rechtliche Behandlung der Zadrůga . . 76

Vierter Abschnitt.
Die Hauskommunionen als wirtschaftliche, soziale und politische Institutionen 82
1. Die Vorzüge der Hauskommunionen 82
2. Erklärung des Niederganges der Hauskommunionen 86

Literatur.

I. Serbische Autoren:

Utješenović, Die Hauskommunion der Südslaven, 1859.
Bogišić, De la forme dite: Inokosna de la famille rurale chez les Serbes et les Croates, 1884.
— A propos du code civil de Montenegro (Bulletin de la soc. de leg. comp. 1887—1888).
Novaković, Dorf („Glas" der königl. serb. Akademie), 1891.
— Proniari und Bastinici, 1887.
Milićević, Die Hauskommunion auf dem Lande, 1898.
A. Jovanović, Die historische Entwicklung der serbischen Hauskommunion, 1896.
— Das Erbrecht bei den alten Serben, 1888.
Radosavljević, Die Evolution der serbischen Hauskommunion, 1886.
Marković, Serbien am Osten, 1886.
Dučić, Montenegro, 1874.
Wuk Karadschić, Das Leben und die Sitten des serbischen Volkes.
Radulović, Die Hauskommunion der Südslaven (Heidelberger Inaug.-Dissertation), 1891.
Kovaćević und Jovanović, Geschichte des serb. Volkes I, 1893.
Wukićević, Die Rolle der serbischen Hauskommunion im Befreiungskriege, 1892.
Borisavljević und Žujović, Von der Hauskommunion (in der Monatsschrift „Pobratimstvo"), 1881.
L. Jovanović, Landwirtschaft in Serbien, 1900.
Petranović, Über das Erbrecht der Serben („Rad" der südslavischen Akademie 23), 1873.
Savić, Die Hauskommunion bei den Südslaven (in der Zeitschrift „Pravda"), 1869.
Aćimović, Übersicht des serbischen Erbrechts (Jahrb. d. intern. Vereinigg. III, 1897, S. 199–222).

II. Ausländische Autoren:

Laveleye, De la propriété et de ses formes primitives, 1874.
— La péninsule de Balkans, 1886.

Laveleye, Ureigentum, bearbeitet von K. Bücher, 1879.
Hildebrandt, Recht und Sitte I, 1896.
Peisker, Die serbische Zadrůga (Zeitschr. für soz. Wirtschaftsgesch. VII, 1900).
— Zur Sozialgeschichte Böhmens (Zeitschr. für soz. Wirtschaftsgesch. V).
Cohn, Gemeinderschaft und Hausgenossenschaft, 1898.
Hanssen, Agrarhistorische Abhandlungen I und II, 1880. 1884.
Roscher, Grundlagen, 1859.
Schmoller, Volkswirtschaftslehre, 1900.
v. Maurer, Einleitung zur Geschichte der Mark-, Dorf- und Stadtverfassungen, 1854.
Post, Anfänge des Rechts- u. Staatslebens, 1878.
— Bausteine, 1881.
Brentano, Über Anerbenrecht u. Grundeigentum, 1895.
— Erbrechtspolitik (gesammelte Aufsätze) I, 1899.
Kohler, Rechtsvergleichende Studien, 1889.
v. Lingenthal, Geschichte des griechisch-römischen Rechts, 1877.
— Zur Kenntnis des römischen Steuerwesens in der Kaiserzeit (Mém. de l'acad. imp. des sciences, St. Petersbg. 1863).
Kanitz, Serbien, Leipzig 1868.
Rachfahl, Zur Geschichte des Grundeigentums (Conrads Jahrbücher 74, 1900).
Huber, Die Gemeinderschaften der Schweiz (Gierkes Untersuchungen, Heft 54, Berlin 1897).
Krauss, Sitte und Brauch der Südslaven, Wien 1885.
Fustel de Coulanges, Le probléme des orgines de la propriété foncière (Revue des questions historiques I, S. 349—449, 1889).
— L'alleu et le domaine rural pendant l'epoque mérovingienne, Paris 1889.
Maine, Lectures on the early history of institutions 4. Ed., 1885.
— De l'organisation juridique de la famille chez les Slaves du Sud et chez les Rajpoutes, Paris 1880.
Jefimenko, Untersuchungen über das Volksleben, Moskau 1884.
Simkovitsch, Die Feldgemeinschaft in Rufsland, 1898.
Cicerin, Versuche einer Geschichte des russischen Rechts, 1858.
Kovalevsky, Die ökonomische Entwicklung Europas, 1901.
— Tableau des origines et de l'évolution de la famille et de la propriété, 1890.
— La commune agricole, les causes et les suites de sa dessolution.
Tschuprow, Die Feldgemeinschaft (Abhandl. d. Staatswiss. Seminars Strafsburg, Heft 18, 1902).
v. Pirch, Reise in Serbien im Spätherbst 1829, I und II.
Dewas, Studien über das Familienleben (Übersetzung von Baumgarten, 1887).
Vivian, Servia, the poor man's paradise, London 1897.

Lippert, Geschichte der Familie.
— Über den Ursprung des Adels (in der Zeitschrift f. Sozialwissenschaft 1902).
Grosse, Die Formen der Familie, 1896.
Gothein, Familie (in Conrads Handwörterbuch d. Staatswissensch.).
Meitzen, Feldgemeinschaft (in Conrads Handwörterbuch der Staatswissensch.).
— Siedelung (in Conrads Handwörterbuch der Staatswissensch.).
Miler, Die Hauskommunion der Südslaven (Jahrb. d. internat. Vereinigungen III, 1897).
Cathrein, Das Privateigentum und seine Gegner. 3. Aufl. Freiburg i. B. 1896.

Ferner:
Statistische Jahrbücher Serbiens und sonstige Statistiken.
Bürgerliche Gesetzbücher Serbiens und Montenegros.
Gesetzbuch des Kaisers Duschan vom Jahre 1349—1354 (ausg. von Novaković 1870).
Mehrere Vorträge, Berichte, Protokolle über Verhandlungen der Kongresse des Verbandes serbischer landwirtschaftlicher Genossenschaften.
Private Berichte und dergleichen.
Urkunden und andere historische Schriftstücke (Chrysobullen Statuten etc.).

Einleitung.
Die gegenwärtige Lage der Landwirtschaft in Serbien.

Um die Bedeutung der ökonomisch-rechtlichen Institution der serbischen Hauskommunion (Zadrûga), über die wir uns in vorliegender Schrift des weiteren auslassen wollen, recht zu würdigen, erscheint es uns notwendig, mit einigen Worten die ökonomische Lage Serbiens im allgemeinen zu skizzieren.

In der ersten Hälfte des 19. Jahrhunderts ist in Serbien fast ausschliefslich Viehzucht betrieben worden, Ackerbau dagegen nur soviel, als zum Lebensunterhalt des Volkes genügte. Doch nimmt die Feldwirtschaft mit dem Anwachsen der Bevölkerung immer gröfsere Dimensionen an, während sich die Viehzucht allmählich auf das Bergland zurückzieht. So kommt es, dafs Serbien heutzutage mehr Ackerbau als Viehzucht treibt.

Die Statistik hat ergeben, dafs im Jahre 1895 mehr als 83 Prozent der Bevölkerung in landwirtschaftlichen Betrieben tätig waren. Der Ackerbau ist verhältnismäfsig noch recht primitiv und nur langsam bricht sich die Erkenntnis Bahn, dafs eine rationellere Bewirtschaftung notwendig ist.

Im Jahre 1897 nahmen in Serbien ein
1. Kulturland . 1 805 943 ha oder 37,3 %
2. Wald . . . 2 231 581 „ „ 46,2 „
3. Ödland . . 792 736 „ „ 16,5 „
   zusammen: 4 830 260 ha.

Von der Gesamtfläche Serbiens befinden sich im Privatbesitz 56 Prozent, im öffentlichen Besitze 44 Prozent. An dem Privatbesitz waren 244 591 Eigentümer beteiligt bei einer Gesamteinwohnerzahl von 2,3 Millionen[1].

Über die Verteilung des Grundeigentums gibt folgende Tabelle Aufschluſs. Es besaſsen

bis 5 ha	177 582	= 72,60 %	der Eigentümer	
von 6—10 „	49 679	= 20,31 „	„	„
„ 11—20 „	14 758	= 6,03 „	„	„
„ 21—30 „	1 086	= 0,74 „	„	„
„ 31—40 „	459	= 0,19 „	„	„
„ 41—50 „	159	= 0,07 „	„	„
über 50 „	148	= 0,06 „	„	„

Nach derselben Statistik (1897) betrug die Anzahl der Eigentümer des Kulturlandes

1 oder —1 ha	= 9,08 %	der Bevölkerung	
von 1,01—1,5 „	= 5,58 „	„	„
„ 1,51—2 „	= 6,18 „	„	„
„ 2,01—2,5 „	= 6,28 „	„	„
„ 2,51—3 „	= 6,17 „	„	„
„ 3,01—3,5 „	= 5,73 „	„	„
„ 3,51—4 „	= 5,56 „	„	„
„ 4,01—4,5 „	= 5,14 „	„	„
„ 4,51—5 „	= 4,73 „	„	„

Von der Gesamtoberfläche des Kulturlandes waren bebaut mit
1. Feldfrüchten . . . . 972 450 ha
2. Gartenfrüchten . . . 14 922 „
3. Obstbäumen . . . . 97 971 „
4. Weinstöcken . . . . 68 330 „
5. Wiesen . . . . . . 652 270 „

Die Aussaat wird durch Menschenhand bewerkstelligt; Säemaschinen kann man nur auf Staatsdomänen antreffen. Wohl beobachtet der Landmann den Fruchtwechsel, aber er kann wegen der geringen Mannigfaltigkeit der angebauten Früchte

---

[1] Nach der Erhebung von 1900 beträgt die Gesamtbevölkerung Serbiens 2 493 770.

ihn nicht vollständig innehalten. Darum weist das Brachland grofse Ausdehnung auf. Im Jahre 1897 lagen z. B. 33161 ha brach. Am meisten wird in Serbien Mais, Weizen, Roggen, Gerste und Hafer ausgesät, weniger Flachs, Bohnen, Kartoffeln und Klee, nur selten Tabak, Buchweizen, Hirse, Lein, Linsen und Rüben.

Im Jahre 1897 fielen auf den Anbau von
1. Korn . . . . 51,1 %
2. Mais . . . . 45,8 „
3. anderen Saaten. . . . 3,1 „

Über die für die Landwirtschaft am meisten in Frage kommenden Felderzeugnisse wollen wir uns in Kürze orientieren:

1. Der Mais ist die wichtigste Pflanze in Serbien. Er ist das Hauptnahrungsmittel der ländlichen Bevölkerung und ist der Ertrag eines Hektars durchschnittlich je nach der Qualität der Erntejahre 12—20 Doppelzentner. (1 hl wiegt 70—75 kg.)

Die Maisausfuhr hatte
1895[1] einen Wert von 375 303 Frk. (Dinar)
1896 „ „ „ 922 929 „ „
1897 „ „ „ 908 029 „ „
1898[2] „ „ „ 236 759 „ „
1899 „ „ „ 2 025 988 „ „

2. Neben Mais wird am stärksten Weizen angebaut. Weizen dient auch als Nahrungsmittel in Serbien, bildet aber einen Hauptausfuhrartikel dieses Landes. So wurde exportiert
1895 im Wert von 6 556 054 Frk. (Dinar)
1896 „ „ „ 13 157 728 „ „
1897 „ „ „ 4 650 236 „ „
1898 „ „ „ 9 772 440 „ „
1899 „ „ „ 11 100 472 „ „

Von einem Hektar wird erzielt an Winterweizen 12—15 Dz. (1 hl = 72—80 kg), an Sommerweizen 10—12 Dz. (1 hl = 70—76 kg).

---

[1] Grofse Dürre.
[2] Überschwemmungen.

3. Wenn auch Roggen, Gerste und Hafer weniger ausgesät werden, so sind doch diese Getreidearten für die Ausfuhr Serbiens von Belang.

Es wurden ausgeführt

1895	Roggen Wert von im	184 744	Gerste Wert von im	334 744	Hafer Wert von im	1 152 358	Frk. (Dinar)
1896		267 872		597 971		1 625 467	" "
1897		358 749		306 921		1 733 429	" "
1898		366 054		787 000		2 037 715	" "
1899		560 686		1 770 398		1 011 876	" "

4. Sehr entwicklungsfähig ist der Gemüse- und Obstbau. Der letztere hat gerade in den letzten Jahren glänzende Fortschritte gemacht, aber noch längst nicht seinen Höhepunkt erreicht.

Die gröfsere Nachfrage vom Auslande her hat einen solchen Aufschwung im Obstbau veranlafst, dafs das Obst jetzt einen der wichtigsten Ausfuhrartikel in Serbien bildet. Dabei kommen die dortigen klimatischen Verhältnisse diesem Anbau sehr entgegen.

Wir sehen in diesem Erwerbszweige einen Ausweg aus der landwirtschaftlichen Krisis, die, wie überall in Europa, so auch in Serbien in unseren Tagen herrscht. Interessant ist in dieser Hinsicht die Statistik über den Ernteertrag des Obst- und Getreidebaues.

Im Jahre 1897 waren rund 972 000 ha mit Mais und anderen Getreidearten bebaut, die zusammen einen Ernteertrag lieferten von rund 162 600 000 Frk. (Dinar).

Mit Obstbäumen waren bepflanzt nur rund 98 000 ha mit einem Ertrage von rund
71 951 000 Frk. (Dinar) von Pflaumen und rund
37 359 000 „ „ von anderen Obstarten (Äpfel, Birnen, Nüsse)
109 310 000 Frk. (Dinar).

Der Ertrag bezifferte sich also bei
Getreide pro Hektar auf rund 166,5 Frk., dagegen bei
Obst „ „ „ „ 1112,2 „

Von allen Obstarten sind also die Pflaumen von dem gröfsten ökonomischen Werte. Diese Obstart wird sicher bald der wichtigste Ausfuhrartikel Serbiens werden, denn legte man auf die Art der Packung und des Dörrverfahrens nur etwas mehr Wert, so würden die serbischen Pflaumen wegen ihrer Qualität sich auf dem Weltmarkt bald den ersten Platz erobern. Erst seit 30 Jahren hat man mit dem Vertrieb von Backpflaumen begonnen. Anfänglich haben die Händler die Dörrung allein vorgenommen, heute aber liegt diese Beschäftigung in den Händen des Bauern, der die fertige Ware selbst auf den Markt bringt.

Aus Pflaumen stellt man auch einen Branntwein her, der sich besonders starken Konsums der Landbevölkerung erfreut.

Neben den Dörrpflaumen und dem Branntwein wird viel Pflaumenmus erzeugt, das ebenfalls in jüngster Zeit vielfach ins Ausland verschickt wird.

Im allgemeinen ist die ganze Verarbeitung dieser Frucht noch primitiv und dem Kleinbetrieb jeder Familie überlassen. Wenn man auf diesem Gebiete eine moderne genossenschaftliche Organisation schaffen würde, so steht zu erwarten, dafs das Genossenschaftswesen in Serbien sich so verdient machen könnte, wie dies z. B. in der dänischen Molkereiwirtschaft der Fall ist.

Nach der Statistik wurden ausgeführt

Jahr	Dörrpflaumen	Pflaumenbranntwein	Pflaumenmus
	im Werte von		
	Frk. (Dinar)	Frk. (Dinar)	Frk. (Dinar)
1895	6 565 959	222 563	2 021 930
1896	5 929 088	189 638	1 723 879
1897	12 573 292	159 062	3 225 763
1898	7 828 138	190 937	1 503 601
1899	11 198 107	330 046	2 287 754

In den letzten Jahren begann man auch mit der Ausfuhr von frischem Obst, und zwar wurden ausgeführt

1895 Obst im Werte von 451 504 Frk. (Dinar)
1896 „ „ „ „ 687 696 „ „
1897 „ „ „ „ 917 871 „ „
1898 „ „ „ „ 989 587 „ „
1899 „ „ „ „ 1 286 336 „ „

Der Staat selbst hat den grofsen Nutzen des Obstbaues für die gesamte Volkswirtschaft erkannt und von seiner Seite ist viel zur Hebung dieses Erwerbszweiges geschehen. So ist im Jahre 1898 ein Gesetz zur Förderung des Obstbaues erlassen worden. Danach sind alle Landbezirke zur Errichtung einer Baumschule verpflichtet. In erster Linie sind die Bedürfnisse der Privaten zu befriedigen, dann erst ist die Bepflanzung der öffentlichen Wege und Gemeindeländereien vorzunehmen. An vielen Stätten bestehen diese Baumschulen bereits. Seit 1891 besteht auch eine landwirtschaftliche Schule speziell für Obst- und Weinbaukunde.

5. Durch seine Klima- und Bodenverhältnisse ist Serbien wie geschaffen für den Weinbau.

Wenn der serbische Wein sich im Ausland bis jetzt keinen Namen erworben hat, so findet dies darin seine Erklärung, dafs die Produktion eine sehr ursprüngliche ist und dafs in den letzten Jahrzehnten die Reblaus furchtbare Verheerungen angerichtet hat.

Die Ausfuhr ist darum sehr unbedeutend. Es gab aber sogar eine Zeit, wo der Import den Export überstieg, — besonders im Jahre 1893/94. Aber seit dieser Zeit hat die Ausfuhr sehr zugenommen, was seinen Grund darin hat, dafs die Bepflanzung neu angelegter Weinberge mit amerikanischen Reben und andere Mafsnahmen zur Abwehr der Rebenkrankheiten stattgefunden haben.

Nach dem Gesetz von 1895 hat der Staat ebenfalls die Errichtung von Versuchsgärten für den Weinbau in jedem Landbezirk angeordnet. In den letzten Jahren ist auch der erste Versuch mit Winzervereinen gemacht worden.

* * *

Obwohl Serbien nach der Anzahl des Viehes relativ an erster Stelle nach England steht[1], so bleibt es doch in der Qualität der Rasse weit hinter Westeuropa zurück.

---

[1] Auf 1 qkm hat Vieh:
England 117,4
Serbien nach neuester Erhebung (1900) 114,1

Der Grund dafür ist wohl darin zu suchen, dafs man dem Vieh nicht die nötige Pflege widmet und der Auswahl der Zuchttiere nicht genug Aufmerksamkeit schenkt. Durch das Gesetz von 1898 über die Förderung der Viehzucht ist eine baldige Besserung in dieser Hinsicht in Aussicht gestellt. Danach mufs jede Gemeinde über eine gewisse Zahl ausgewählter Zuchttiere verfügen können. Nebenbei ist niemandem die Überwinterung des Viehes im Freien gestattet.

Im Aufsenhandel hält der Viehexport noch mit der Ausfuhr landwirtschaftlicher Produkte Schritt. Nach der Statistik hat die Ausfuhr von

Jahr	Vieh	landwirtschaftlichen Produkten
	einen Wert von	
	Frk. (Dinar)	Frk. (Dinar)
1895	18 983 505	16 045 970
1896	22 332 812	23 426 711
1897	24 587 172	21 623 465
1898	26 747 147	22 258 790
1899	27 413 063	29 426 087

Eine Gesamtübersicht des Viehstandes aus den Jahren 1890—1900 ergibt folgende Tabelle:

Dänemark	106,0
Griechenland	104,2
Belgien	99,4
Holland	96,6
Deutschland	93,0
Frankreich	83,0
Österreich-Ungarn	73,7
Rumänien	71,3
Portugal	62,6
Italien	61,0
Schweiz	60,8
Spanien	45,4
Rufsland	20,2
Schweden und Norwegen	10,5

(Vgl. Österr. landw. Wirtschaftsblätter Nr. 13 vom Jahre 1897.)

Art	Anzahl		
	1900	1895	1890
Pferde	180 871	169 928	163 391
Rindvieh	942 087	915 428	819 251
Büffel	7 026	7 471	8 498
Esel	1 571	1 645	1 463
Maulesel	56	133	125
Schweine	940 609	904 446	908 603
Schafe	3 013 644	3 094 206	2 963 900
Ziegen	425 565	525 991	509 738
zusammen:	5 511 429	5 619 248	5 374 969

Der Zuwachs ist im allgemeinen recht gering und bleibt hinter der Bevölkerungszunahme zurück. In den zehn Jahren von 1890—1900 stieg die Bevölkerung jährlich um 1,535 %; die Zunahme der Haustiere betrug in derselben Zeit nur 0,254 %, also sechsmal weniger als erstere.

Wenn wir die Zahl der Haustiere mit der Bevölkerungsziffer vergleichen, erhalten wir folgende Tabelle.

Auf 1000 Einwohner kommen

	1900	1895	1890
Pferde . . .	73,2	73,5	75,6
Rindvieh . . .	380,6	399,9	382,9
Schweine . . .	377,4	391,1	420,3
Schafe . . .	1208,1	1338,0	1370,9
Ziegen . . .	170,6	227,5	235,7
Total:	2209,9	2430,0	2485,4

Die hauptsächlichsten Haustiere sind Schweine, Rinder und Schafe, wozu wir folgendes anführen möchten.

1. Trotz des grofsen Konsums im Binnenlande ist das Schwein, wie in älterer Zeit so noch heute, der bedeutendste Ausfuhrartikel. Seine Zucht ist recht einfach: den ganzen Sommer über sind die Tiere auf der Weide, während sie im Herbst und Winter auf die Eichelmast getrieben werden oder zu Hause mit Mais, Kürbissen und Überresten von Feldfrüchten und verschiedenen Küchenabfällen gefüttert werden.

Obwohl man der Schweinezucht nicht die rechte Sorgfalt angedeihen läfst, so geht man doch bei der Zuchtwahl sehr vorsichtig zu Werke; daraus erklärt sich die gute Qualität der Rasse. Der Rassenmangel aber liegt in der langsamen Entwicklung und der geringen Fruchtbarkeit der Tiere. Darum hat man Versuche mit Kreuzungen angestellt, doch ohne ein befriedigendes Ergebnis zu erzielen. Der Staat hat infolge dessen eine grofse Versuchsstation für Schweinezucht im Jahre 1899 errichtet. Es werden dort nach den Regeln der rationellen Viehzucht die besten Exemplare der heimischen (schumadischen) Rasse aufgezogen und an Landwirte abgegeben.

Nach der Statistik wurden ausgeführt:

1895 Mastschweine im Werte von 7 602 040 Frk. (Dinar),
1896[1] „   „   „   „   4 697 449   „   „
1897   „   „   „   „ 13 234 627   „   „
1898   „   „   „   „ 10 879 600   „   „
1899   „   „   „   „   9 126 792   „   „

Lebende Schweine werden nach Budapest, geschlachtete nach Wien verschickt. Aber damit Serbien mit seinem Versand nicht von dem guten Willen Österreich-Ungarns abhängt, und keine Sperre, wie im Jahre 1896 die Ausfuhr hindern kann, ist in Belgrad im vergangenen Jahre ein moderner Schlachthof entstanden. Neben der Schlachtung wird dort auch die Fleischverarbeitung vorgenommen.

2. Das Rind spielt ebenfalls in der Ausfuhr und im inländischen Verbrauche, besonders aber als Arbeitstier in landwirtschaftlichen Betrieben eine grofse Rolle. Z. B. sieht man pflügende Pferde fast nirgends, dagegen Ochsen überall.

Der Wert der Rinderausfuhr betrug in den Jahren

1895 . . . 9 702 350 Frk. (Dinar).
1896 . . . 10 658 525 „   „
1897 . . . 7 348 240 „   „
1898 . . . 12 605 675 „   „
1899 . . . 13 941 955 „   „

---

[1] Sperre seitens Österreich-Ungarns.

3. Unter den Haustieren ist das verbreitetste das Schaf. Man kann wohl sagen, dafs in jedem bäuerlichen Hause von diesen Tieren mindestens einige vorhanden sind. Hammelfleisch wird am meisten gegessen, weil in kleinen Orten der Bedarf nicht so grofs ist, als dafs man Rinder schlachten müfste. Dazu findet auch die Schafwolle in der Hausindustrie eine vielseitige Verwertung zur Herstellung von Kleidern aller Art, Teppichen und sonstigen textilen Produkten. Für feinere Webereien kann sie wegen ihres rauhen Fadens nicht in Betracht kommen. Seitdem der Staat Kreuzungen mit Merinoschafen in einzelnen Gegenden hat vornehmen lassen, ist auch auf diesem Gebiete ein Aufschwung erfolgt.

Die Molkereiwirtschaft ist in Serbien recht unvollkommen und versorgt fast nur den heimischen Bedarf. Hauptsächlich wird Schafmilch zur Butter- und Käsebereitung verwendet. Auch auf diesem Gebiete sind Schritte für die moderne Milchwirtschaft im letzten Jahre unternommen worden. Jedenfalls wird für den serbischen Bauer mit der Verbesserung der Molkereien ein wichtiger Erwerbszweig geschaffen werden.

Neben den Schafen werden in Serbien in den Gebirgsgegenden auch Ziegen gezüchtet. Sie vermehren sich leichter, sind zähe, den Witterungseinflüssen und Krankheiten nicht so wie die Schafe unterworfen; auch nehmen sie mit schlechterer Nahrung vorlieb.

Die Ausfuhr von Schafen und Ziegen zusammen genommen beträgt laut Statistik

Jahr	Schafe und Ziegen	
	Stückzahl	Wert Frk. (Dinar)
1895	93 504	805 303
1896	115 349	910 267
1897	73 028	640 325
1898	74 282	628 348
1899	78 361	626 344

4. Die Hauptgeflügelarten in Serbien sind Hühner, Truthähne, Gänse und Enten. Noch vor wenigen Jahren hat

man in Serbien dem Nutzgeflügel gar keine Beachtung geschenkt. Jedes Haus hatte eine Anzahl von Federvieh, das ausschliefslich dem Hausbedarf diente. Um die Zucht gab man sich gar keine Mühe, sondern man überliefs die Tiere sich selbst. Im Winter wurde allerdings etwas Futter gestreut, während die Tiere im Sommer ihr Futter gröfstenteils allein suchen mufsten. Hühnerhöfe gab es gar nicht; im ganzen Jahre blieb das Geflügel im Freien.

Trotz anfänglicher Geringschätzung von seiten der Bauern hat auch mit diesen Tieren ein reger Exporthandel sich entwickelt, besonders in den Gegenden, wo es Schweineschlachthöfe gibt, in denen man zugleich Geflügel in grofser Menge zu schlachten pflegt.

Auch dieser neuen Erwerbsquelle hat der Staat seine Aufmerksamkeit zugewendet, indem er auf seine Kosten an mehreren Orten rationelle Hühnerhöfe als Musteranstalten erbaut. Bei der neuesten statistischen Erhebung (30. Dezember 1900) wurden zum erstenmal auch über die Anzahl des Geflügels Angaben verlangt. Die Gesamtzahl an Hühnern, Truthühnern, Gänsen und Enten betrug danach 4 648 593 Stück, also fallen auf ein Haus im Durchschnitt zwölf Stück oder auf einen Einwohner 1,9 Stück.

Der Wert des ausgeführten lebenden und geschlachteten Geflügels betrug

1894 . . . . 232 388 Frk. (Dinar),
1895 . . . . 517 452 „ „
1896 . . . . 1 088 619 „ „
1897 . . . . 752 322 „ „
1898 . . . . 911 797 „ „
1899 . . . . 1 335 233 „ „

Der Eierexport wächst ebenfalls; so gingen ins Ausland
1895 Eier im Wert von 7 332 Frk. (Dinar),
1896 „ „ „ „ 56 421 „ „
1897 „ „ „ „ 61 330 „ „
1898 „ „ „ „ 35 632 „ „
1899 „ „ „ „ 106 120 „ „

5. Die Pferdezucht, die Imkerei, Fischerei, Seidengewinnung haben nur untergeordnete Bedeutung, obwohl für ihre Entwicklung in Serbien durchaus günstiger Boden ist.

* * *

Das landwirtschaftliche S c h u l w e s e n ist in Serbien völlig ungenügend ausgebildet. Nach einigen erfolglosen Versuchen wurde erst im Jahre 1882 eine landwirtschaftliche Elementarschule gegründet. Junge Leute zwischen 14 und 18 Jahren werden hier mit Volksschulbildung aufgenommen. Seit der Eröffnung bis zum Jahre 1898 haben 300 Schüler die Anstalt besucht. Ein dreijähriger Kursus bildet die jungen Leute hauptsächlich im Ackerbau und in der Viehzucht aus. Im Jahre 1891 wurde noch eine ähnliche Schule eröffnet, jedoch mehr für Weinbau- und Obstbaukunde. Bis 1898 genossen hier 97 Schüler Unterricht.

Der Mangel an landwirtschaftlicher Bildung ist auf Schritt und Tritt zu verspüren und daher ordnet ein Gesetz vom Jahre 1898 an, dafs jeder Kreis zur Errichtung einer landwirtschaftlichen Schule in Verbindung mit einem Mustergut angehalten wird. Jede Gemeinde ist weiter verpflichtet, wenigstens einen jungen Mann über 16 Jahre in diese praktische Lehranstalt zu schicken, der zwei Jahre zu bleiben hat, beziehungsweise die Kosten dafür zu tragen.

* * *

Wie überall, so hat man auch in Serbien seit Jahren den Nutzen des Vereinswesens zur Förderung der Landwirtschaft erkannt. Neben vielen Vereinigungen von geringerer Bedeutung verdient besondere Erwähnung der „Serbische landwirtschaftliche Verein", begründet im Jahre 1869. Der Hauptsitz der Vereins ist Belgrad; an Unterverbänden befinden sich etwa 40 in allen wichtigeren Orten. Der Verein sieht seine Aufgabe besonders in der Verbreitung volkstümlicher Schriften landwirtschaftlichen Inhalts, sowie zweckmäfsiger landwirtschaftlicher Geräte, in der Versendung von den besten Sämereien, in Aussetzen von Prämien und Beschickung von Ausstellungen und überhaupt in Hilfeleistung durch Rat und Tat. Im

Jahre 1898 hatte der Verein eine Einnahme von 156 000 Frk. und eine Ausgabe von 154 000 Frk.

Um die Ernährung des Volkes in Teuerungszeiten und Kriegsnöten zu ermöglichen, sind durch Gesetz im Jahre 1898 sogenannte Gemeindekornhäuser errichtet worden. Solche Getreidekammern muſs jede ländliche Gemeinde besitzen, und jeder einzelne ist zur Einlieferung von 90 kg Mais oder einer entsprechenden Quantität anderen Getreides verpflichtet. Tritt in der Gemeinde Notstand ein, so wird das aufgespeicherte Getreide unter der Bedingung der Zurückerstattung im folgenden Jahre verteilt. Nach diesem Verfahren ist in den Kornhäusern immer eine genügende Menge Vorrat vorhanden. Einzelne Stadtgemeinden legen an Stelle solcher aufgespeicherter Naturalien Geldfonds an.

Mag die Sache, vom theoretischen Standpunkt betrachtet, nicht empfehlenswert erscheinen, jedenfalls hat sie sich in Serbien in der Praxis bis heute gut bewährt.

Am Ende des Jahres 1899 belief sich der Getreidevorrat in den Magazinen auf etwa 19 000 000 kg und die Geldfonds wiesen einen baren Bestand von $^1/_2$ Million Franken auf.

Ähnliches streben auch in den letzten Jahren die landwirtschaftlichen Genossenschaften an, die überhaupt in Serbien von nicht zu unterschätzender Bedeutung sind.

Im Jahre 1894 wurde in Serbien nach dem Vorbilde des Raiffeisenschen Genossenschaftssystems die erste landwirtschaftliche Genossenschaft gebildet. Dieselben Bedürfnisse der landwirtschaftlichen Bevölkerung, welche die Entstehung solcher Einrichtungen im Rheinlande und später in allen anderen Kulturländern mit der Zeit hervorgerufen hatten, waren auch für die landwirtschaftliche Genossenschaftsbewegung in Serbien maſsgebend. Aber daneben waren in Serbien gewisse Verhältnisse speziell serbischer Art vorhanden, die, wie nichts anderes im Volke, den Boden für solche Organisationen ebneten.

Das noch vor einigen Jahrzehnten unter der Türkenherrschaft stehende Volk, das sich wirtschaftlich nicht entwickeln konnte, hat durch die Revolution seine politische Freiheit und damit auch die Möglichkeit erhalten, mit den europäischen Kulturvölkern in Verbindung zu treten, was in seiner inneren ökonomischen Lage eine gründliche Umwälzung hervorgerufen hat.

In der Türkenzeit hat das Volk ganz primitiv in Dörfern gewohnt [1], meistens in Hauskommunionen, d. h. in kleinen sozialökonomischen Assoziationen mit gemeinsamer Produktion und Konsumtion geschieden. Alles, was eine Familie brauchte, produzierte sie selber. Trat ein Mangel an Arbeitskräften für die eine oder andere Arbeit in einer Familie ein, so nimmt sie die Hilfe der Nachbarn oder sogar des ganzen Dorfes in Anspruch. Der Gemeinsamkeitsgeist des Dorfes und die gegenseitige Untersützung des einzelnen waren allseitig ausgebildet. Wir haben z. B. beim Ackerbau verschiedene Arten der Hilfeleistung, so die moba (Bittarbeit), wenn aus mehreren Familien Hilfe zur gemeinsamen Erledigung gewisser Arbeiten erbeten wird, und zwar ohne eine Entschädigung dafür zu geben. Denn jeder, der zur moba kam, konnte mit Sicherheit auf Gegenunterstützung rechnen. Das Haus, in dem gearbeitet wird, bewirtet nur die Bittarbeiter.

Auch leiht man sich gegenseitig die Arbeitskräfte. Daſs Ochsen zum Pflügen verbunden werden, ist ebenfalls häufig. Es kann jeder nach der Anzahl seiner Tiere die entsprechende Arbeitsleistung fordern.

Sehr interessant ist es, daſs die alte volkstümliche Molkereigenossenschaft in Serbien auf ähnlichem Prinzip wie die moderne ruhte. Für das gesamte Vieh des Dorfes ist ein Hirt angestellt, und bevor das Vieh zum Sömmern ausgetrieben wird, stellt

---

[1] Wuk Karadschić schreibt in einer Zeitschrift vom Jahre 1827 („Daniza", S. 101): „Das serbische Volk besteht nur aus Bauern. Das Häuflein Serben, die in den Städten als Händler oder Handwerker leben, heifsen Städter. Weil diese aber türkische Gewänder tragen und nach türkischen Sitten leben und in der Zeit des Aufstandes und Krieges sich zusammen mit den Türken in die Festungen zurückzogen, oder sich mit ihrem Gelde nach Österreich-Ungarn wandten, werden sie nicht mehr zum serbischen Volk gezählt, sondern von diesem allgemein verachtet."

man fest, wieviel jeder im Verhältnis der Anzahl seines Viehes von dem Ertrage bekommen soll.

Diese alten volkstümlichen Kooperationen und Hilfeleistungen auf Gegenseitigkeit haben sich an manchen Orten, die meist abgelegen sind, bis heute erhalten.

Unter dem Einflusse der Neuzeit aber vermochte das alte Leben des serbischen Bauern nicht fortzubestehen. Durch das ganze 19. Jahrhundert hindurch — von der Befreiung an — ist der Verkehr zwischen Stadt und Land immer reger geworden. Die städtische Bevölkerung hat zugenommen, der Handel konzentriert sich immer mehr und der neuserbische Staat kommt in jedem Jahre mehr mit dem Weltverkehr in Berührung, so dafs z. B. die Ausfuhr von 23,3 Millionen im Jahre 1850 auf 56,99 Millionen Frk. im Jahre 1898[1]) gestiegen ist, das gleiche gilt von der Einfuhr. Die allmählich mehr und mehr verfeinerte Lebensweise konnte nicht mehr durch die Erzeugnisse der häuslichen Industrie der im Innern Serbiens wohnenden Handwerker befriedigt werden; sie mufste daher zu auswärtigen Fabrikaten ihre Zuflucht nehmen. Die Vergröfserung der Bedürfnisse begann naturgemäfs in den Städten und breitete sich mit der Verbesserung des Verkehrswesens auch über das ländliche Gebiet aus.

Auf der einen Seite hat dieser ökonomische Vorgang, auf der anderen Seite der Staat selber mit seiner ganzen Organisation bewirkt, dafs der Bauer nicht mehr für seinen eigenen Haushalt allein, sondern für den Markt produziert, d. h. dafs die alte Produktionsweise oder Naturalwirtschaft der Geldwirtschaft hat weichen müssen. Bei diesem Zustand der Dinge ist es erklärlich, dafs das Bedürfnis nach einer Kreditorganisation immer fühlbarer wurde. Es blieb dem Bauern zwecks Verschaffung der nötigen Betriebsmittel nichts anderes übrig, als die Hilfe des Wucherers in Anspruch zu nehmen. Das war um so verhängnisvoller, weil durch die Auflösung der Haus-

---

[1] Im Jahre 1899 auf 65,7 Millionen Frk.
„ „ 1900 „ 66,5 „ „
„ „ 1901 „ 65,6 „ „

kommunionen die getrennten Einzelfamilien das zur Anschaffung des Inventars nötige Kapital nicht zur Verfügung hatten.

Daneben setzten auch elementare Mächte, wie Krankheit, Tod, Mifswachs u. s. w. dem Bauern so zu, dafs er sich in Schulden stürzen mufste, die wegen ihrer Wucherzinsen desto mehr drückten.

Es war die höchste Zeit, auf diesem Gebiete Wandel zu schaffen, um dem Landwirt wirksam unter die Arme greifen zu können. Der erste staatliche Versuch, die Gründung einer Hypothekenbank in den siebziger Jahren, schlug aber wegen ihrer unpraktischen Einrichtung vollkommen fehl.

Als dagegen im Jahre 1894 der Gedanke auftauchte, dafs die Bauern sich selber bei Solidarhaftung Kredit gewähren müfsten, und damit auch anderweite Zwecke verknüpft werden könnten, fand die Bewegung so rasch Anklang, dafs z. B.

im Jahre 1895   11
„   „   1898   89
„   „   1899 167
„   „   1900 220
am 1. April 1901 270
Mitte 1902 290
Anfang 1903 330   landwirtschaftliche Genossenschaften existierten.

In Serbien gibt es nicht, wie z. B. in Deutschland, verschiedene Arten von Genossenschaften, wie Kredit-, Bezugs-, Rohstoff- und andere Genossenschaften voneinander getrennt, sondern alle diese Geschäfte sind in einer Genossenschaft konzentriert. Diese bilden einen Hauptverband mit einer Zentralgenossenschaftskasse.

Die Gesamtzahl der Mitglieder betrug Ende 1901 10 383, darunter 9788 Bauern.

Im Jahre 1898 ist ein Gesetz über die landwirtschaftlichen und gewerkschaftlichen Genossenschaften in Kraft getreten, welches diese ganze Bewegung begünstigt. Daneben hat der Staat zur Kreditunterstützung einen Fonds von 2 000 000 Frank bewilligt.

Es kann kein Zweifel darüber obwalten, dafs das, was

Serbien den modernen Genossenschaften verdankt und in Zukunft noch gewiſs verdanken wird, nie von den alten Hauskommunionen erreicht worden wäre. Zum Glück bezweifelt dies auch im gegenwärtigen Serbien wohl niemand. Die Weiterentwicklung des Genossenschaftswesens wird keinen Hindernissen begegnen; ja, es ist sogar offenbar, daſs niemand die Genossenschaft mehr fördert und ihr treuer anhängt, als das Hauskommunionsmitglied, das zugleich auch Mitglied einer modernen Genossenschaft ist. Und das mag ein Unterpfand dafür sein, daſs Genossenschaft und Hauskommunion sich gegenseitig nicht ausschlieſsen, sondern in glücklichster Weise ergänzen. Vieles, was die Hauskommunion geleistet hat und leistet, kann die Genossenschaft nimmer zu Wege bringen und umgekehrt, trotzdem der Geist der alten Hauskommunion auch gleichsam dem neuen Genossenschaftswesen mitgeteilt wurde und tatsächlich auch in ihm eine Brüderlichkeit wachgerufen hat, von der manche glänzende Einzelheiten erzählt werden könnten.

Erster Abschnitt.
Begriff, Wesen und Organisation der Zadrůga.

Zahlreiche historische Daten lassen keinen Zweifel darüber aufkommen, dafs für das Leben der südslavischen Völker das gemeinsame „Haus" (dom) von gröfster Bedeutung war. Hier verwaltete der Hausvater (domaćin), der selbst in der Grofsfamilie nur primus inter pares war, Hab und Gut seiner nächsten Blutsverwandten. Diese bildeten in der Hauskommunion ein gemeinsames Ganze, wobei der einzelne im allgemeinen nur wenig bedeutete.

Das häusliche Leben der alten Südslaven war aufserordentlich entwickelt und das Bewufstsein der gemeinsamen Abstammung erhielt sich auch dann, wenn ein „Haus" infolge reicher Nachkommenschaft gezwungen war, sich zu teilen. Die neuen „Häuser" blieben nach ihrer Trennung in stetem Konnex mit dem alten „Haus".

Aus mittelalterlichen Berichten geht hervor, dafs damals neben der Hauskommunion auch Einzelbauernhäuser in grofser Anzahl vorhanden waren[1]. Diese Tatsache läfst sich erklären, wenn man folgendes berücksichtigt:

Die Finanzgeschichte Serbiens im Mittelalter berichtet uns, dafs damals — abgesehen von einigen Fronden, die auf der Bevölkerung in ähnlicher Weise lasteten, wie in Westeuropa — gewisse Steuern erhoben wurden, jedoch nicht von den einzelnen Individuen, sondern von den einzelnen „Häusern".

---

[1] Novacović, Dorf, S. 231—240.

Infolgedessen lag es im Interesse der Machthaber, die Entstehung neuer Häuser zu begünstigen, namentlich auch solcher, die aufserhalb einer Hauskommunion standen und die Ausbreitung der letzteren, weil sie zu zahlreiche Familienmitglieder in einem Hause vereinigte, möglichst zu hemmen.

Einer der hervorragendsten Kenner der Wirtschaftsgeschichte Serbiens im Mittelalter schreibt auf Grund eingehender Studien der diesbezüglichen Quellen: „Das alte staatliche und grundherrliche System war der Hauskommunion nicht günstig, — im Gegenteil, es stellte ihr offen Schwierigkeiten in den Weg. Aber es ist doch sicher, dafs auch im Mittelalter zahlreiche Hauskommunionen existierten, und überall dort, wo eine gute und freie Herrschaft vorhanden war, blühten. Das ist der beste Beweis, dafs die Hauskommunion dem Wesen und Denken des Volkes entsprach"[1].

Dazu kommt — und damit berühre ich den Hauptgrund, weshalb die Hauskommunion sich bis in die jüngste Gegenwart erhalten konnte —, dafs das serbische Volk in den fünf Jahrhunderten, in denen es unter türkischer Herrschaft lebte, keinerlei wirtschaftliche Fortschritte machte, die vielleicht eine etwas ungebundenere Organisationsform bedingt hätten. Den Türken kam es nur darauf an, möglichst viel zu erpressen; soweit in dieser Hinsicht ihren Ansprüchen seitens des serbischen Volkes genügt wurde, kümmerten sie sich um Wirtschaft, Recht und Gewohnheiten der Serben wenig. Auch die Institution der Hauskommunion liefsen sie unangetastet. Diese erstarkte daher um so mehr, weil ein möglichst starker Familienverband nach Lage der Sache der einzige und naturgemäfse Schutz gegen türkisches Unrecht und Gewalttätigkeit war. So kam es denn, dafs zur Zeit des Befreiungsaufstandes im Jahre 1804 die Hauskommunion die durchaus vorherrschende, ja, man kann sagen, die einzige Form familiären Lebens in Serbien war.

Der Vater der modernen serbischen Literatur, Wuk St. Karadschitsch, beschreibt eine Hauskommunion jener Zeit, also anfangs des vorigen Jahrhunderts, mit folgenden Worten:

---
[1] Novacović a. a. O. S. 247—248.

„Die Serben leben meistens in Hauskommunionen. In manchen Häusern finden wir vier bis fünf Verheiratete. Einzelfamilien gibt es wenig. Entsprechend der Zahl der Verheirateten ist die Zahl der kleinen Nebenhäuschen, die um das Haupthaus herumliegen, welches allen gemeinsam zum täglichen Aufenthalte dient. Dort finden die gemeinsamen Mahlzeiten statt, dort wohnen und schlafen die alten Leute, während alle anderen in ihrem eigenen Häuschen schlafen, das aber ohne Feuer ist, im Winter und im Sommer. In jeder Hauskommunion ist ein Hausvater, der regiert und das Haus, sowie das sonstige Vermögen verwaltet. Er gibt die Direktive, wo und wie gearbeitet werden soll, er geht zu den Türken, auf die Dorfversammlungen und Beratungen. Im Einverständnis mit den anderen Mitgliedern der Hauskommunion verkauft er, was zu verkaufen ist und kauft, was zu kaufen nötig ist. Er führt den Geldbeutel und sorgt für Zahlung der Kopfsteuer und anderen Abgaben. Der Hausvater ist nicht immer der Älteste. Wenn der Vater alt wird, so übergibt er die Würde des Oberhauptes dem klügsten Sohne (oder dem Bruder oder dem Neffen), wenn er auch der Jüngste ist. Zuweilen kommt es auch vor, daſs an Stelle des Hausvaters, der sein Haus nicht gut verwaltet, von den anderen Mitgliedern ein neuer gewählt wird."[1]

Ein späterer Schriftsteller, O. Utješenovitsch, der sehr begeisterter Anhänger der Hauskommunion war und als vorzüglichster Kenner des Lebens der Südslaven bekannt ist, schrieb etwa ein halbes Jahrhundert später als Wuk in seinem Entwurfe eines Gesetzes zur Regelung der Hauskommunionsverhältnisse:

„Unter Hauskommunion wird jene Art volkstümlichen Familienverbandes verstanden, in welchem mehrere Familien oder Hausgenossen als gleichberechtigte Mitglieder eines häuslichen Grundwirtschaftsvereins zur gegenseitigen Unterstützung und Erhöhung ihres Erwerbs in einer Familiengütergemeinschaft mit vereinten Kräften arbeiten[2]."

---

[1] Wuk, „Daniza", S. 100—101.
[2] Utješenović, Die Hauskommunion der Südslaven, S. 189.

Ungefähr um dieselbe Zeit wurde mit Schaffung eines bürgerlichen Gesetzbuches[1] das bis dahin fast ausschliefslich mafsgebend gewesene Gewohnheitsrecht durch geschriebenes Recht ersetzt. Jedoch waren die Normen, welche die Hauskommunion regeln sollten, so wenig den tatsächlichen Bedürfnissen angemessen, dafs sie für die weitere Entwicklung dieser wirtschaftlichen Organisation des serbischen Volkes höchst verhängnisvoll wurden; wir werden in den weiteren Ausführungen noch näher darauf zurückkommen. Hier kommt es uns nur darauf an, hervorzuheben, wie der Gesetzgeber im Jahre 1844 die Hauskommunion charakterisierte:

§ 57 des B.G.B. lautet: „Unter Hauskommunion — Zadrûga — versteht man mehrere volljährige Personen, die allein oder mit ihren Nachkommen gemeinsam leben. Sie sind in ihrem Verhältnis zueinander zadrugarisch," und § 507 lautet:

„Eine Hauskommunion besteht dort, wo die Gemeinschaft des Lebens und Vermögens durch Verwandtschaftsbande oder durch Aufnahme in die Kommunion natürlich begründet und befestigt worden ist."

Aus diesen Zitaten geht mit genügender Deutlichkeit das Wesen der serbischen Hauskommunion hervor.

Im allgemeinen definiert auch Laveleye, einer der bedeutendsten ausländischen Autoren, die sich mit der serbischen Hauskommunion beschäftigt haben, richtig, wenn er sagt:

„L'unité sociale, la corporation civile qui possède la terre est la communauté de famille, c'est-à-dire le groupe de descendants d'un même ancêtre, habitant une même maison ou un même enclos, travaillant en commun et jouissant en commun des produits du travail agricole. Cette communauté est appellé par Allemands Hauskommunion et par les Slaves euxmêmes družina, druztvo ou zadrûga, mots qui signifient à peu pres association[2]."

---

[1] Bürgerl. Gesetzbuch Serbiens vom Jahre 1844.

[2] E. de Laveleye, De la propriété et de ses formes primitives, 1874, S. 204. Übrigens kommen die Ausdrücke druzina und druztov wenigstens in der Gegenwart zur Bezeichnung der Hauskommunion

Wie das Wesen der Hauskommunion, so ist auch deren Organisation im Laufe der Zeit im allgemeinen dieselbe geblieben; erst in allerjüngster Zeit sind einige bemerkenswerte Änderungen festzustellen.

Alle Hauptarbeiten in einer Hauskommunion werden nach vorheriger gemeinsamer Beratung aller Mitglieder in Angriff genommen. Bei manchen Arbeiten werden auch die Weiber und Knechte befragt. Alles was in dieser Beratung beschlossen wird, muſs der Hausvater ausführen bezw. ausführen lassen. Der Hausrat ist überhaupt die oberste Gewalt in der Hauskommunion, und zwar heute mehr als je, schon deshalb, weil die Stellung des einzelnen innerhalb der Hauskommunion selbständiger geworden ist infolge der gesetzlichen Bestimmungen. Ein Recht, an der Beratung und der Beschlieſsung des Hausrates teilzunehmen, haben nur männliche Mitglieder und diese erst dann, wenn sie sich verheiraten oder das zwanzigste Lebensjahr vollendet haben. Ausgeschlossen kann ein Mitglied dann werden — auf Beschluſs des Hausrates —, wenn es das Vermögen oder den guten Ruf der Hauskommunion schädigt. Doch ist das ausgeschlossene Mitglied mit einem entsprechenden Teile des Vermögens abzufinden. Es mag dahingestellt bleiben, ob das Gerücht, wonach der Hausrat sich zuweilen sogar ein Recht über Leben und Tod seiner Mitglieder anmaſst, auf Wahrheit beruht; jedenfalls hört man manchmal hier und da erzählen, daſs ein besonders miſsratenes Mitglied sich ‚verloren' habe, d. h. von der Hauskommunion beseitigt worden sei[1]."

Scheidet ein Mitglied durch den Tod aus, so wird dadurch an der Organisation der Hauskommunion nichts geändert. Der Witwe steht es frei, im Hause zu bleiben oder zu ihren Eltern zu gehen. Letzteres geschieht gewöhnlich dann, wenn die Witwe sich wieder zu verheiraten beabsichtigt. Bleibt die Witwe im Hause, so hat sie dieselben Rechte und Pflichten, wie bisher.

---

bei den Serben nicht vor. — Den Versuch, an Stelle von Hauskommunion „Groſsfamilie" zu sagen, halte ich deshalb nicht für besonders glücklich, weil mir dadurch der ökonomische Charakter der in Rede stehenden Familienassoziation nicht genügend angedeutet wird.

[1] M. Milićević, Die Hauskommunion auf dem Lande, S. 23.

Scheidet sie aus der Hauskommunion aus, so erhält sie ihre Mitgift zurück, ferner das, was zu ihrem persönlichen Gebrauche diente, auch läfst ihr die Hauskommunion einen Geldbeitrag zu ihren Unterhaltskosten zukommen, der aber natürlich an Wert hinter dem zurückbleibt, was die Witwe bei ihrem Verbleiben in der Hauskommunion erhält, da sie ja in diesem Falle auch zur Mitarbeit verpflichtet ist. Nimmt die Witwe ihre Kinder mit, so ist es diesen unbenommen, zu jeder Zeit wieder in die Hauskommunion zurückzukehren, den Mädchen natürlich nur so lange, als sie unverheiratet bleiben.

Ob Haustöchter Mitglieder einer Hauskommunion werden können, war in Serbien lange Zeit sehr umstritten, weil es eine bestimmte Regel dafür im Gesetzbuche nicht gibt. Vor einigen Jahren hat aber der Belgrader Kassationshof in einer allgemeinen Sitzung der Frage ein Ende gemacht, indem er entschied, dafs Mädchen der Hauskommunion nicht als Mitglieder angehören können, ein Beschlufs, welcher der allgemeinen Volksanschauung in Serbien entspricht.

Ein Fremder (d. i. Nichtfamilienangehöriger) kann nur im Wege der Adoption in die Hauskommunion eintreten; aber auch bei der Adoption nimmt man mit Vorliebe ein Kind derselben Familie an. Das Adoptivkind mufs nach heutigem serbischen Rechte 15 Jahre jünger sein als die Adoptiveltern. Zur Adoption ist Zustimmung aller Mitglieder der Hauskommunion erforderlich, weil das Adoptivkind alle Rechte des natürlichen Kindes erlangt. Wird die Zustimmung verweigert, so kann gerichtliche Entscheidung beantragt werden.

Die in einer Hauskommunion vereinigten Personen zählen zusammen bis zu 60—80, ja 100 Köpfe, im ganzen genommen sind dies jedoch Ausnahmefälle. Nach der Statistik vom Jahre 1895 und 1900 gab es in Serbien Familien bezw. Hauskommunionen:

	im Jahre 1895	1900
mit 6—10 Mitgliedern	163 304	172 701
„ 11—15 „	26 711	27 567
„ 16—20 „	5 502	5 705
„ 21—25 „	1 419	1 417

```
              im Jahre 1895      1900
      mit 26—30 Mitgliedern  336      366
      über 30        „       172      176.
```

Die Gesamteinwohnerzahl Serbiens betrug
im Jahre 1895   1900
2 317 484   2 493 770.

In der Statistik sind nicht Hauskommunionen als solche angeführt, sondern im allgemeinen die Zahl der Familien. Wir dürfen aber mit Sicherheit annehmen, daſs die Familien, welche mehr als 10 Mitglieder haben, fast immer in Hauskommunion leben.

Nach der obigen Statistik haben die Einzelfamilien zugenommen in dem angegebenen Zeitraum um ca. 5%, die Hauskommunionen um ca. 3%.

Noch erübrigt es sich, auf die Bedeutung des Hausvaters und der Hausmutter innerhalb der Hauskommunion einzugehen.

In einer Familie, die nur aus dem Vater mit seinen Söhnen besteht, ist gewöhnlich auch der Vater der Hausvater; solange die Kinder noch minderjährig sind, gilt allein sein Wille; sobald aber die Söhne herangewachsen sind und an der Arbeit teilnehmen, ändert sich das Verhältnis der Söhne zum Vater. Nicht nur die Macht des Vaters wird schwächer, es kommt auch vor, daſs er noch bei seinen Lebzeiten von den Söhnen abgesetzt wird. „Wer arbeitet, soll auch urteilen!" sagt ein serbisches Sprichwort. Der Hausvater, der von seinen Söhnen abgesetzt ist, nimmt im Hause nur noch die Stelle eines gewöhnlichen Mitgliedes ein. Zuweilen ereignet es sich, daſs ein Hausvater freiwillig auf seine Stellung zu Gunsten eines seiner Söhne verzichtet.

Die Macht des Hausvaters hängt sehr viel ab von seiner persönlichen Autorität und den althergebrachten Gewohnheiten und Sitten des Volkes, die häufig mit der Gesetzgebung im Widerspruch stehen. In der Regel bedarf der Hausvater zu den Rechtsgeschäften, die er im Namen der Hauskommunion ausführt, der Zustimmung des Hausrates. Nur bewegliche Sachen, wie Frucht, Heu und dergl. kann er aus eigener Initiative verkaufen, mufs aber dann Rechenschaft ablegen. Der Hausvater gilt auch als gesetzlicher Vertreter der Hauskommunion vor Gericht und sonstigen Behörden.

Der Hausvater ist Richter; wenn jemand von den jungen Leuten sich etwas zu schulden kommen läfst, dann kann der Hausvater eine Strafe auferlegen und Verweise im Beisein aller anderen Angehörigen erteilen. Sehr mufs er darauf bedacht sein, alle gleichmäfsig zu behandeln; so mufs er z. B. sich wohl hüten, bei Verlobungen und dergleichen Gelegenheiten dem einen etwas mehr zu schenken als dem anderen, wodurch leicht ernstliche Streitigkeiten in der Hauskommunion entstehen können.

Hat der Hausvater etwas selbständig gekauft oder verkauft ohne ausdrückliche Zustimmung der übrigen Mitglieder, so gilt das Geschäft als von ihnen genehmigt, wenn sie nicht innerhalb eines Jahres von dem Zeitpunkte an, wo sie davon erfahren, Einspruch erheben (§ 510 BGB.). Eine Ausnahme von dieser Regel wurde durch Urteil des Kassationshofes im Jahre 1890 dahingehend anerkannt, dafs auf alle Fälle — selbst bei nicht rechtzeitigem Widerspruch der Mitglieder diejenigen Rechtsgeschäfte ungültig sein sollten, durch welche der Hausvater die Interessen der Hauskommunion offenbar schädigte.

Wenn der Hausvater stirbt, so tritt an seine Stelle zunächst vorläufig der Älteste; ist man aber mit dessen dauernder Verwaltung nicht einverstanden, so wählt man bald an seine Stelle endgültig einen neuen Hausvater.

Jede Hauskommunion hat auch eine Hausmutter. Diese ist regelmäfsig die Frau des Hausvaters. Lebt die Mutter des Hausvaters noch, so ist sie gleichsam „Oberhausfrau".

Ist die Frau des Hausvaters sehr jung, schwach oder ungeschickt und gibt es in der Hauskommunion eine ihr überlegene Frau, so wird diese als Hausmutter erwählt, aber im ganzen kommt das doch selten vor.

Die Hausmutter hat für die Ordnung im Hause zu sorgen, sie teilt den anderen Frauen die Arbeit zu und ihr liegt auch ob, ein gutes Einvernehmen unter den weiblichen Mitgliedern der Hauskommunion herzustellen. Von der Hausmutter hängt viel ab hinsichtlich des Wohlstandes und Gedeihens der Hauskommunion. Der Serbe drückt dies in dem häufig angewandten Sprichwort aus: „Das Haus steht nicht auf dem Boden, sondern auf der Frau!"

Irgend welche gesetzlichen Vorrechte hat die Hausmutter nicht, ihre natürlichen Vorzüge sind die einzigen Stützen ihrer Stellung.

Zweiter Abschnitt.
Ursprung der Zadrůga und ihre Stellung in der Geschichte des Grundeigentums.

Eine viel umstrittene Frage ist diejenige nach dem Ursprunge der Hauskommunion; sie hängt aufs engste zusammen mit dem grofsen historisch-ökonomischen Probleme betreffend die ältesten Formen und die Entwicklung des Grundeigentums überhaupt.

Da die Hauskommunion eine besondere und ältere Form des Grundeigentums darstellt, so ist es natürlich, dafs fast alle Erörterungen und Abhandlungen über das Grundeigentumsproblem auch die Hauskommunion berühren. Über diese ist insofern leichter zu schreiben, weil sie bei den Südslaven, besonders bei den Serben, wie wir schon gesehen haben, noch heute in ziemlich grofsem Umfange besteht.

Die Frage nach der ursprünglichen Form des Grundeigentums hat in den letzten Jahrzehnten so an Interesse gewonnen, dafs sich seit den jüngst vergangenen Jahren hauptsächlich bei den Deutschen, Engländern und Russen eine recht stattliche Literatur darüber entwickelt hat, ohne indessen eine sichere wissenschaftliche Lösung gezeitigt zu haben.

Sehr viele Autoren haben versucht, auf Grund der historischvergleichenden Methode einen Entwicklungsgang der ökonomischen Verhältnisse der Völker zu konstruieren, ohne dabei im Auge zu behalten, dafs sie erstens doch nicht über sichere Angaben aus der ältesten Zeit verfügen und zweitens bestimmte Gesetze allgemeingültiger Natur nach gedachter Methode nicht aufstellen können.

In der ersten Hälfte des 19. Jahrhunderts fand der Däne Olufsen[1] in seiner Heimat, daſs dereinst der Grund und Boden nicht dem einzelnen als Eigenbesitz gehörte, sondern im Gesamteigentum der Bauernschaft stand; daſs ebenso Wald und Weide gemeinschaftlich benützt wurden, daſs nur die Äcker der Sondernutzung überlassen waren und schlieſslich, daſs selbst das Feldareal durch das sogenannte Reebeningsverfahren von Zeit zu Zeit neu vermessen und unter die Berechtigten durch das Los von neuem aufgeteilt wurde[2].

Der Deutsche G. Hanſsen fand bei seinen Forschungen in den ökonomischen Verhältnissen der Germanen dieselbe Ordnung, wie sie die dänischen Gelehrten für Dänemark schon dargestellt haben[3].

Im Jahre 1843 studierte August von Haxthausen die betreffenden Verhältnisse Ruſslands. In der Mir-Verfassung glaubte er dabei die Urform der Siedlung und des bäuerlichen Rechtes am Grund und Boden, sowie das durchaus entsprechende Gegenstück zur deutschen Markgenossenschaft erkennen zu dürfen.

Schon in den fünfziger Jahren kam auch von Maurer[4] bei Erörterung dieser Frage zu dem Ergebnis, daſs der gesamte Grund und Boden ursprünglich gemeinsames Land war und dem ganzen Volk gehörte. Um seiner Theorie aber rechten Halt zu verleihen, zog er als Belege ökonomische Verhältnisse des Auslandes, insbesondere der Slaven, der Ungarn, Albanesen

---

[1] Olufsens Vorträge sind in Kopenhagen 1821 herausgegeben unter dem Titel: „Beitrag zur Aufklärung der inneren Verfassung Dänemarks in den älteren Zeiten, insbesondere im 13. Jahrhundert" (dänischer Titel seines Buches vgl. G. Hanſsen, Agrarhistorische Abhandlungen I, 1880, S. 4).

[2] Vgl. F. Rachfahls Ausführungen im Artikel „Zur Geschichte des Grundeigentums", S. 3 (Conrads Jahrbücher 74, 1900).

[3] G. Hanſsen, Ansichten über das Agrarwesen der Vorzeit. (Jetzt in seinen Agrarhistorischen Abhandlungen I, 1880, S. 1—77, abgedruckt.) Diese Abhandlungen erschienen im Jahre 1835—1837 zum ersten Male.

[4] G. L. v. Maurer, Einleitung zur Geschichte der Mark-, Dorf- und Stadt-Verfassung, 1854.

u. s. w. an und meinte, durch die **vergleichende Methode** den Beweis zu erbringen, dafs auch die deutschen Markgenossenschaften auf demselben Prinzip des Grundeigentums beruhten. Etwas später trug Roscher[1] in seinem Buche über die Nationalökonomie des Ackerbaues (1859) aus den verschiedensten Gegenden Europas und der ganzen Erde überhaupt sehr zahlreiche Beispiele zusammen für die Existenz einer ähnlichen Agrarverfassung in der Vergangenheit und Gegenwart, so dafs es sich hier, wie er sagt, „um ein allgemeines soziales Prinzip, um eine Kulturstufe zwischen Nomadentum und fester Ansiedlung mit Privateigentum handle".

1. Zur Kritik der Theorie Laveleyes.

Diese Theorie, dafs man den Kollektivbesitz am Grund und Boden als eine urgeschichtliche Erscheinung von allgemeiner Geltung ansehen könne[2] oder, wie Laveleye sich ausdrückt, dafs man darin „eine notwendige Entwicklungsphase der Gesellschaft und eine Art von Universalgesetz erblicken müsse, welches in der Bewegung der Grundeigentumsformen waltet", ist noch eine herrschende, obwohl neuere Forschung und Kritik sie als in vielen Stücken unhaltbar erwiesen hat. Der hervorragendste Vertreter dieser Theorie, Laveleye, hat ihr, so zu sagen, eine wissenschaftliche Basis gegeben und den ganzen Entwicklungsgang vom Gesamteigentum zum Privateigentum in ein wissenschaftliches System zu bringen gesucht. Für uns ist von besonderem Interesse, welche Stelle die Hauskommunion in diesem Entwicklungsgange einnehmen soll. Laveleye stellt die Hauskommunion als eine Übergangsstufe hin in der Entwicklung von Gesamt- zum Privateigentum. In der Tat scheint die Durchführung dieser Theorie, wenn man die historische Entwicklung ganz aufser Betracht läfst, ganz logisch zu sein. Denn wenn wir annehmen, dafs es früher ausschliefslich Gesamteigentum gab und beobachten, dafs heute nur Privateigentum

---

[1] Roscher, Grundlagen, S. 192.
[2] S. Maine, Lectures on the early history of institutions, S 1 (4th edition 1885).

existiert, so müssen wir eine Form zwischen den Extremen vermuten.

Laveleye stellt also die These auf: „Les communautés de famille succèdent aux communautés de village[1]." Er nimmt als feste Tatsache an, dafs „überall, in Java, Indien, Peru, Mexiko, bei den Schwarzen Afrikas, wie bei den Indogermanen Europas, die Dorfgemeinschaft als elementare soziale Gruppe das Land besafs und der zeitweilige Niefsbrauch unter alle Familien gleichmäfsig verteilt war." Später hört im Interesse der Landbauer die periodische Teilung des Ackerlandes auf und nur Wald und Weide bleibt gemeinsames Eigentum. Aber „La terre (das Ackerland) n'est pas devenue immédiatement la propriété privée des individus. Elle a été possedée comme patrimoine héréditaire inaliénable d'une famille vivant en commun sous le même toit ou dans le même enclos[2]." Das beste und anschaulichste Bild einer solchen Form in der Entwicklung des Grundeigentums gibt die südslavische Hauskommunion oder die serbische „Zadrūga". Ihr widmet Laveleye in seinem Buche ein ganzes Kapitel (Kap. 13): „Les communautés de famille chez les slaves méridionaux." Gleich im Anfange dieses Abschnittes will Laveleye sein Gesetz auch auf die Südslaven anwenden: „Das Land gehörte der gmina (Gemeinde, commune), die jedes Jahr in allgemeiner Volksversammlung (vietza) die Teilung unter alle Glieder des Clan vollzog. Der jährliche Besitz kam den patriarchalen Familien zu im Verhältnis zur Zahl der Individuen, aus welchen sie bestanden[3]."

Zwar werden wir hier nicht die Haltbarkeit der gesamten Theorie Laveleyes kritisieren wollen, aber insofern er diese auf die ökonomischen Verhältnisse der Südslaven basieren will, können wir gleich unbedenklich im voraus behaupten, dafs seine Entwicklungsgesetze bei den Südslaven durch Angaben weder aus der Gegenwart noch aus der Vergangenheit ihre Bestätigung finden. In dieser Hinsicht ist Rachfahls Bemerkung mehr als

---

[1] Laveleye a. a. O. Kap. XII S. 195—200.
[2] Laveleye a. a. O. S. 198.
[3] Bücher-Laveleye, Ureigentum, S. 379.

berechtigt, wenn er sagt: „Hüten wir uns vor unberechtigter und übereilter Anwendung der vergleichenden Methode! Vor allem aber müssen wir unser Augenmerk darauf richten, daſs wir nicht dem Problem selbst eine allzu allgemeine und ausgedehnte Fassung geben. Denn in Wahrheit zerfällt das allgemeine Problem der Entstehung des Grundeigentums, wenn anders man zu sicheren Resultaten gelangen will, in eine Unzahl von Einzelproblemen; es gilt besonders für jede Rasse, für jedes Volk, die richtige Lösung zu finden"[1].

Historische Angaben und alle althergebrachten ökonomischen Institutionen zieht Laveleye in seinen Ausführungen über das Entstehen der südslavischen Hauskommunion zu wenig heran, als daſs wir uns von den alten ökonomischen und sozialen Verhältnissen der Südslaven ein genügend anschauliches, auf erwiesenen Tatsachen beruhendes Bild entwerfen könnten.

Wenn wir nur die Verhältnisse der Südslaven vornehmen und den Weg der vergleichenden Methode verlassen, stellt sich die Frage ein, ob auf Grund des Materials, das uns zur Verfügung steht, bei den Südslaven früher ein Agrarkommunismus, wie ihn Laveleye annimmt, nachweisbar ist, und, was speziell von Belang, ob aus diesem ursprünglichen Agrarkommunismus die Hauskommunion entstanden ist.

Das einschlägige Material stammt zwar zum gröſsten Teil aus einer jüngeren Zeit, aus dem 12.—14. Jahrhundert, doch ist es von vollem Werte, denn das südslavische soziale Leben blieb bis dahin von sozialen Einflüssen bewahrt, welche die alten charakteristischen Eigenschaften von Grund aus hätten ändern können. Wie stark der Konservativismus und die Kraft des alten Geistes war, erhellt am besten daraus, daſs nicht einmal das Christentum die Südslaven von den Sitten und Bräuchen der Religion ihrer Väter abzubringen vermochte. Um wie viel schwieriger konnte hier eine Neugestaltung der ökonomischen Verhältnisse Platz greifen! Darum geht einer der besten Ethnographen der Südslaven, Stojan Novacović,

---

[1] Rachfahl a. a. O. S. 12.

so weit, dafs er im Leben des serbischen Volkes nur zwei Perioden unterscheidet: die erste von der Einwanderung in das heutige Gebiet bis zur Gründung des neuen serbischen Staates im 19. Jahrhundert und die zweite seitdem bis auf unsere Tage[1].

Aufser den schriftlichen Dokumenten des Mittelalters haben wir Spuren in wirtschaftlichen Einrichtungen der Südslaven, die sich aus den ältesten Zeiten in einigen Gebieten noch heute erhalten haben. So bieten uns besonders Montenegro und die Herzegowina, wo fremder Einflufs am geringsten gewesen ist, sehr reichen Stoff für das genauere Studium der Institutionen früherer Zeiten. Dort finden wir nämlich noch Stämme und Sitten in alter Weise ausgebildet. Wir sehen also, dafs die Hauskommunion gegenwärtig nicht die einzige alte Organisation bei den Balkanslaven ist, sondern dafs auch noch andere Gebilde des nationalökonomischen Lebens existieren, die bei den westlichen Völkern verschwunden sind. Von diesen Materialien hat nun Laveleye leider nicht Notiz genommen. Doch macht sich dieser Mangel auch bei denen fühlbar, die sich mit seiner Theorie irgendwie befafst haben. Wir kommen auf diesen Punkt später zurück.

Bevor wir an Laveleyes Theorie kritisch herangehen, scheint es am Platze zu sein, einige Angaben aus der südslavischen Geschichte anzuführen. Die Einwanderung der Südslaven in den Balkan geschah in der Mitte des 6. Jahrhunderts, zur Zeit des oströmischen Kaisers Justinian I. (527—565). In den ersten Zeiten konnten die Slaven keinen festen Halt für ihre Ansiedlung finden, und durch die Jahrhunderte bis ins 10. und 11. Jahrhundert wogte der Kampf mit dem oströmischen Reiche und mit den alten Balkanbewohnern. Erst dann erfolgte ihre feste Niederlassung, so dafs in der Mitte des 12. Jahrhunderts die politische Unabhängigkeit und innere Konsolidierung die Gründung des mittelalterlichen Serbenstaates ermöglichte.

Als die Serben im Balkan erschienen, waren sie in viele

---

[1] S. Novacović a. a. O. S. VII.

Stämme geteilt. Darüber berichten uns z. B. für die den westlichen Teil der Halbinsel einnehmenden Südslaven zwei Chronisten: der Chronist von Dioclea und der Erzpriester Thomas erzählen, es wären ihrer zwölf Tribus. Tribus ist an dieser Stelle soviel wie das in den ältesten Urkunden und in der Jetztzeit gebräuchliche Wort „pleme" (Stamm)[1]. Jeder von diesen Stämmen führte seinen Sondernamen, und byzantinische Schriftsteller des 7. Jahrhunderts nennen eine ganze Anzahl solcher Stammesbezeichnungen.

Die Frage, auf welche Weise diese Stämme entstanden sind, gehört nicht hierher. Genug, die Südslaven waren bei ihrer Einwanderung in die Balkangebiete in Stämme geteilt, und jeder Stamm wurde als eine Einheit betrachtet. Die genaue Kopfzahl dieser Tribus kennen wir nicht, doch waren nach den Berichten alter Schriftsteller mehrere Stämme so stark, dafs sie „einem kleinen Staate ähnelten"[2].

Das Gebiet, welches ein Stamm inne hatte, heifst župa. Nach mittelalterlichen Mitteilungen dürfen wir mit Sicherheit annehmen, dafs eine župa aus mehreren Dörfern bestand, dafs ferner in der Mitte der župa ein befestigter Ort war, in den sich die Bewohner in Zeiten der Not zurückzogen. Dieser Ort diente als Markt und auch als Sammelpunkt für Beratungen über Angelegenheiten des ganzen Stammes[3].

Aus denselben Aufzeichnungen geht auch hervor, dafs eine pleme Wald und Weide gemeinsam hatte. Im 16. und 17. Artikel des Gesetzbuches des Kaisers Duschan[4] steht ausdrücklich, alles Vieh aus den Dörfern einer župa soll zusammen weiden, „wo ein Dorf, da auch das andere" (§ 16). § 17

---

[1] Dr. Fr. Krauss, Sitte und Brauch der Südslaven, Wien 1885, S. 18.
[2] Kovačević und Jovanović, Geschichte des serbischen Volkes, I, S. 84.
[3] Novacović a. a. O. S. 9. Kovačević und Jovanović S. 25 und 26.
[4] Das bekannte mittelalterliche Gesetzbuch (1349—1353) des Serbenkaisers Duschan (1331—1355) ist von Novacović herausgegeben. Belgrad 1870. Die zweite Ausgabe ist vom Jahre 1898. Wir bedienen uns der ersten Ausgabe.

verbietet, dafs das Vieh einer župa auf den Weideplätzen einer anderen župa weidet, und weiterhin, dafs man kein Dorf einer župa von der Gemeindeweide ausschliefsen darf.

Diese Stammesorganisation hat sich bis auf den heutigen Tag in Montenegro erhalten. Über die Eigentumsverhältnisse in jedem Stamme sagt Dučić in den Studien über Czernagora (1874): „Montenegro ist von verschiedenen Stämmen bevölkert. Die Alpenweiden sind nicht, wie der Ackerboden, nach den ‚Häusern' (Kućen), sondern nach den Stämmen verteilt. Es hat z. B. jeder Stamm seine gemeinsame Weide, auf die jedes Haus des Stammes gleiches Recht hat, Vieh zu weiden und Holz zu fällen. Indes ist an mehreren Orten auch dieses schon verteilt. Sonst haben die Stämme gar nichts gemeinsam, auch haben sie nicht den Begriff der Gemeinde (općina) und deren Rechte und Pflichten in jener Form, wie die Gemeinden heute in Serbien haben. Nebenbei bemerkt, kommt in Montenegro die Hauskommunion (zadrůga) nicht vor. Selten sind diejenigen Kućen, in denen noch die leiblichen Brüder zadrugarisch nach des Vaters Tode leben, geschweige denn erst Oheime und Vettern. Die Ursachen liegen in dem Streben nach individueller Freiheit und in der Unbeständigkeit der einzelnen Familienmitglieder, am meisten aber in der Armut und der Kleinheit der Gehöfte, wo von Arbeitsteilung nicht die Rede sein kann[1]."

Nach aufsen trägt der Stamm einen einheitlichen Charakter politisch-rechtlicher Natur, nach innen aber zerfällt er in Brüderschaften oder Sippen, welche mehr die familienrechtliche Seite hervorkehren, weil jede Cratstvo[2] sich aus mehreren blutsverwandten Familien zusammensetzt.

Von einem Stamm ist zu schwer anzunehmen, dafs er aus einer Familie entstanden ist; aber von einigen Sippen kann man mit Sicherheit sagen, sie seien durch die Vergröfserung der Familie aus einem Hause hervorgegangen.

Diese Sippen können ganz so wie die Stämme gemeinsame

---

[1] Dučić, Montenegro, S. 64.
[2] Cratstvo = Brüderschaft oder Sippe.

Wälder und Weiden besitzen, zu deren Nutzung alle Familien in der Cratstvo berechtigt sind. Ackerland jedoch bleibt jedem Hause als Sondereigentum vorbehalten.

In diesen Tatsachen zeigt sich, dafs wir in den alten Stammes- und Sippenorganisationen gemeinsames Eigentum an Wald und Weide vorfinden, aber kein einziges Anzeichen spricht dafür, dafs man in irgend einer Zeit Gesamteigentum an dem bebauten Lande kannte.

Die Hauskommunion, die hauptsächlich vermögensrechtlichen Charakter trug, wurzelt in dem Familienleben, das schon bei den alten Slaven sehr rege war. Das bestätigen uns viele Zitate der ältesten Schriftsteller. Neben anderem finden wir aus dem Anfange des 7. Jahrhunderts eine sehr interessante Bemerkung des Kaisers Mauritius über die Südslaven: „Die Frauen der Südslaven sind ihren Männern bis zur Unnatürlichkeit treu, so dafs sehr viele von ihnen den Tod des Gemahls als den ihrigen betrachten und freiwillig in den Tod gehen, weil sie den Witwenstand nicht für lebenswert halten[1]." Einen stark ausgeprägten Familiensinn haben die Südslaven zweifellos in die neue Heimat mitgebracht, — eine Tatsache, die von allen als unumstöfslich angesehen wird.

Auch war im Mittelalter jedes Haus eine Einheit für sich, und es wurde die öffentliche Aufmerksamkeit mehr auf das Haus als die Person gelenkt. Alte statistische Berichte zählen fast überall die Häuser. Weiterhin werden wir sehen, welche Rolle das Haus im Steuerwesen spielte und wie daneben die Verantwortung für Kriminalfälle das ganze Haus traf. So sagt z. B. Art. 198 des Gesetzes des Kaisers Duschan: „Wenn jemand aus einem Hause ein Verbrechen begeht, sei es ein Bruder oder Sohn oder Verwandter, mufs der Älteste im Hause alles zahlen oder den Täter ausliefern."

Wir haben also noch in den ältesten Zeiten die Familie bei den Südslaven als eine soziale Einheit aufzufassen. Es kann uns daher nicht wundernehmen, dafs die Familie auch einer einheitlichen ökonomischen Organisation zugeneigt war.

---

[1] Kovačević und Jovanović a. a. O. S. 112.

Da wir gesehen haben, dafs ein Agrarkommunismus, wie ihn Laveleye aufstellt, nicht nachweisbar ist, so müssen wir das alte südslavische resp. serbische Dorf, weil es eine Einheit für sich war, die viele Rechte und Verpflichtungen besafs, einer genaueren Untersuchung seiner Einrichtungen unterziehen.

Übrigens nimmt Laveleye wie Hanfsen und fast alle Anhänger der agrarkommunistischen Theorie als Ausgangspunkt den Dorfkommunismus. Sehen wir daher, ob der Kommunismus in dieser Form in Serbien existierte.

Die Bewohnerschaft eines alten serbischen Dorfes betrieb, je nach Boden und Klima, bald Viehzucht, bald Ackerbau. Diese ganz einseitige Beschäftigung gibt es jetzt nicht mehr. Interessant ist es, zu konstatieren, dafs die Dörfer, in denen Viehzüchter wohnen, ganz andere Gestalt und Namen haben, als diejenigen Dörfer, in denen Ackerbau die Bewohner beschäftigt[1]. Die Ackerbauerndörfer sind geschlossener gebaut und liegen im Tale oder in der Ebene, die Dörfer der Viehzüchter dagegen auf den Höhen sehr zerstreut und in grofser Entfernung voneinander.

Jedes dieser dörflichen Gebiete schied sich scharf von dem anderen. Dafs die Dorfgrenzen ein Gegenstand besonderer Fürsorge waren, erklärt sich daraus, dafs es ein sehr wichtiges Moment für das innere Leben einer solchen Dorfeinheit war. Heute hat das innere Leben an Regsamkeit sehr abgenommen.

Über die Gröfse der Dörfer in alter Zeit haben wir sehr

---

[1] Das ackerbäuerliche Dorf heifst selo (Dorf) und die Hirtendörfer nennen sich katun. In den ersteren finden sich Häuser, in den letzteren nur Hütten. Im Gesetz des Kaisers Duschan werden beide Namen als zwei verschiedene Formen der besiedelten Gebiete genannt (Art. 53. 149). Katun bezeichnet in Montenegro noch heute die sommerliche Hirtenwohnung, aber diese katuni stehen mit dem Dorfe in Verbindung. Im Sommer wird aus dem Dorfe das ganze Vieh auf die Alpenweiden getrieben und bleibt daselbst bis tief in den Herbst. Heute gehört es zu den Seltenheiten, wenn die ganze Familie mit ihrem Vieh ins Gebirge zieht. Jetzt begleiten eine oder zwei Personen des Hauses — je nach Bedürfnis — das Vieh und wohnen in Hütten (katuni), die zugleich als Werkstätten für die Molkerei dienen.

genaue Angaben. Das beste Material liefert das Chrysobull des Klosters Dečani aus der ersten Hälfte des 14. Jahrhunderts, ein von dem Serbenkönig verliehenes Privileg. In diesem Chrysobull werden nicht nur die Namen der einzelnen Dörfer aufgeführt, sondern auch ein Register sämtlicher Einwohner. Die Angabe der Häuseranzahl in jedem Dorfe ist so schwankend, dafs wir bald 7—10, bald über 100 Häuser zählen. Der Durchschnitt beträgt 40—50. Übrigens ist unter der Türkenherrschaft dieses auch die Durchschnittszahl. Wuk sagt, in Serbien gehöre ein Dorf mit hundert Häusern zu den gröfseren.

Die Bedeutung des Dorfes als eine selbständige Institution zeigt der 205. Artikel des Gesetzes des Kaisers Duschan. In betreff der gemeinsamen strafrechtlichen Verantwortung wird dort gesagt, dafs, falls eine Scheune oder Heu und Stroh in Brand gesteckt wurde, das Dorf den Brandstifter auszuliefern verpflichtet war. Bei Nichtauslieferung mufste das Dorf für den Schaden aufkommen. Die gleiche Verantwortlichkeit traf das Dorf bei Mordtaten, wenn der Mörder nicht aufzufinden war. Zwar haben wir für diesen Fall aus dem Mittelalter keine direkten Belege, wohl aber aus der späteren Türkenherrschaft. Die Turken wollten sich nicht gern mit der Nachforschung nach dem Mörder befassen, ihnen war die Hauptsache die Zahlung der Geldstrafe, und diese war leichter vom ganzen Dorfe als vom einzelnen beizutreiben.

Noch empfindlicher war die gemeinsame Verantwortung des Dorfes bei Diebstählen und Räubereien. So lautet Art. 135 ibid.: „Ein Dorf, in dem ein Dieb oder Räuber gefunden wird, mufs sich auflösen."

Wir könnten noch einige andere Artikel aus dem alten Gesetzbuch anführen, in denen das Dorf als Einheit aufgefafst wird, dem viele Verpflichtungen obliegen.

Danach mufste auch das Dorf eine starke innere Organisation haben, weil die Bewohnerschaft zusammenhalten und es unter seinen Mitgliedern Selbstkontrolle üben mufste.

Über die Handhabung der dörflichen Organisation sind wir nicht recht orientiert. Es herrschte Gewohnheitsrecht, und darüber schweigen sich mittelalterliche Dokumente vollkommen aus, wohl als über etwas Selbstverständliches.

Von den ökonomischen Verhältnissen des alten Dorfes sagt Novacović: „In alten Urkunden, in denen sehr viele Dörfer angeführt werden, habe ich nirgendwo einen Beleg von dem Dorfeigentum gefunden, der abwiche von den jetzigen Verhältnissen. Auf allen Seiten werden einzelne Güter, Weinberge, Mühlen, Wiesen, gröfsere Fluren mit Getreide- und Obstbau u. s. w. erwähnt als separate und private Güter."[1] Ein Dorf konnte als gemeinsames Eigentum, an dem alle Bauern desselben Dorfes gleichberechtigt waren, nur Weide-, Wald- und ähnliche Berechtigung haben. Novacović zitiert aus verschiedenen Chrysobullen sehr viele Beispiele zur Beweisführung für diese Tatsache, die übrigens der Natur der Sache entspricht, da eine starke Familienindividualität von selbst zur völligen Selbständigkeit auch auf ökonomischem Gebiete führt. Man sieht es auch daraus, dafs jedes Haus das zur Wirtschaft nötige Land als Eigentum hat.

Nirgends stofsen wir auf eine Gemeinschaft des Ackerlandes oder auf eine temporäre Teilung des Kulturbodens, sondern überall, wo die Landesherren und die Behörden es gestatten, finden wir im Mittelalter die Institution der Hauskommunion verbreitet.

Laveleyes Gedanke, dafs das Eigentum der Hauskommunion durch temporäre Teilung, welche sich nach längerer Nutzung in Eigentum verwandelt hat, entstanden ist, kann auch, abgesehen von dem Mangel an Nachweisen, den agrarischen Verhältnissen der Südslaven nicht entsprechen; denn eine Hauskommunion konnte mit dem Anwachsen ihrer Mitglieder leicht immer mehr Eigentum erwerben. Die Hauskommunion und ihr Eigentum ist nicht durch Auflösung des Stammes und durch Verteilung des Stammeigentums entstanden, sondern, wie gesagt, durch Vermehrung der Familie und durch die Okkupation des nötigen Landes für ihre Erhaltung.

Hier drängt sich die Frage auf, wie die Hauskommunion

---

[1] Novacović a. a. O. S. 188.

sich das nötige Land verschaffen konnte. Das verhält sich folgendermaſsen:

Noch im Mittelalter durfte sich eine Familie so viel Land nehmen, wie sie zu bebauen vermochte. Je gröſser das Areal des bebauten Landes war, desto angenehmer war es dem Grundherrn wegen der Erzielung höherer Einnahmen, die ihm zuflossen.

Aus dem Mittelalter läſst sich vielfach nachweisen, daſs man durch Urbarmachung an dem bestellten Lande regelmäſsig das Eigentumsrecht erwarb. Wenn wir aber aus einigen Privilegien der alten Könige das Gegenteil erfahren, so finden solche Verfügungen in der Dichtheit der Bevölkerung oder in der Absicht, das ganze Areal im Besitze eines Klosters oder eines Adligen zu lassen, ihre Erklärung.

Ein recht lehrreiches Beispiel freier Okkupation enthält der 18. Artikel des Gesetzes des Kaisers Duschan, betreffend die sächsischen Bergleute. Vor Einführung dieses Gesetzes nahmen nämlich die Sachsen das Gebiet, auf dem sie für ihren bergmännischen Bedarf Holz fällten, der herrschenden Sitte gemäſs als ihr Eigentum in Anspruch. Auf den Rodungen siedelten sich dann, wahrscheinlich durch günstigere Bedingungen angelockt, besitzlose Menschen an und begannen mit der Bebauung des Bodens. Die Adligen sahen sich natürlich in ihrem Interesse geschmälert, denn den Zehnten erhoben die Sachsen für sich. Kaiser Duschans Gesetz bestimmte darum, daſs die Sachsen an dem für ihren Hüttenbetrieb gerodeten Lande künftig kein Eigentum erwerben sollten, daſs ihnen aber das auf diese Weise schon erworbene Gebiet verbliebe und sie auch weiterhin nur das Recht der Holzfällung ausübten.

Auch haben wir aus dem Mittelalter Beispiele, daſs man sogar auf den Gütern, die Adligen oder Klöstern gehörten, durch Urbarmachung Eigentumsrecht erzielte. So hebt z. B. um 1300 König Milutin ausdrücklich in einem Chrysobull des Klosters Hilendar hervor, daſs das Kloster den Leuten nicht verbieten könne, irgendwo durch Urbarmachung des Landes Eigentum daran zu bekommen.

Wie es mit der freien Okkupation unter den Türken stand, erzählt uns Wuk ganz ausführlich: „Unter der türkischen Regierung konnte jemand von einem Dorf in andere ganz nach Belieben übersiedeln. Er brauchte dazu weder die Erlaubnis bei dem Spahi (Grundherrn) des Dorfes, aus dem er fortzog, noch bei demjenigen des Dorfes, in welches er wanderte, einzuholen. Sein Haus durfte er verkaufen oder abreißen, in seinem Obst- und Weingarten jedes Jahr Ernte halten, wenn er nur dem betreffenden Spahi seinen Zehnten entrichtete. In dem neuen Dorfe konnte er auf dem nicht okkupierten Lande je nach Belieben seine Hütte aufschlagen und durch Urbarmachen Äcker und Wiesen, Obst- und Weingärten so viel er wollte anlegen."[1] Dasselbe lehrt uns auch eine Beschreibung des Volkslebens in der damals türkischen Provinz Moldau, die Graf v. Hauterive im Jahre 1785 verfaßt hat und worin es heißt: „Jedes unbebaute Land gehört dem es zuerst Okkupierenden, nicht weil derjenige, dem es gehört, unbekannt ist, sondern der Sitte gemäß, nach welcher jeder das noch nicht bebaute oder eingezäunte Land zwecks Nutzung sich aneignen konnte. Sobald jemand seine Feldhacke im Boden festschlägt und mit der Bebauung beginnt oder darauf eine Behausung errichtet, gehört ihm der Boden. Er zahlt dafür seinen Zehnten und allenfalls noch etwas für das auf dem Lande errichtete Haus."

Auch noch später, nach dem serbischen Freiheitskriege, war herrenloses Land in solcher Fülle vorhanden, daß 1835 ein vom Fürsten Milosch erlassener Ukas jedem ohne Ansehen der Person und des Dorfes, in dem es geschah, ohne weiteres Eigentum zusprach an dem Lande, das die betreffende Person durch die Urbarmachung okkupierte[2]. Das noch heute geltende serbische Gesetzbuch von 1844 hat dieses allgemeine Recht der freien Okkupation eingeschränkt. § 231 ordnet an, daß nur das nach den Anordnungen der Verwaltung für die Urbarmachung bestimmte Gebiet sich jeder durch Bebauung aneignen darf. Eine solche Aneignung von Immobilien hat bereits in dem montenegrinischen Gesetze von 1888 ihr Ende erreicht.

---

[1] Wuk, Selo (Dorf) in seinem serb.-deutsch-lat. Wörterbuch.
[2] Sammlung der Gesetze und Verordnungen Serbiens XXX, 55.

Im § 843 heifst es: „Da in Montenegro herrenloses Land nicht existiert, weil jeder Grund und Boden der Brüderschaft oder dem Stamme oder der Kirche zukommt, es sei denn, dafs es einem einzelnen oder einem Hause gehört, so soll niemand glauben, er könne durch Einzäunung oder Bewirtschaftung eine Bodenfläche zu Eigentum erwerben. Das betreffende Land gehört weiterhin dem früheren Eigentümer, auch im Fall, dafs dieser das Land verlassen hat."

Auch in Serbien wird eine Gesetzesänderung in dieser Richtung nicht mehr lange auf sich warten lassen.

Aus obigen Ausführungen ergibt sich bis zur Evidenz, dafs im Mittelalter, später unter der Türkenherrschaft und zuletzt im modernen Serbien, durch freie Okkupation und Nutzung Eigentum an einer Bodenfläche erworben werden kann. Und wenn es zur Zeit der Existenz eines organisierten Staates so gewesen ist, mufs dann nicht auch in älterer Zeit, wo feste Ansiedlungen fehlten und darum Grundeigentum noch geringer ausgebildet war, derselbe Brauch geherrscht haben? Um Eigentum an Grund und Boden zu erlangen, war also eine temporäre Verteilung, wie sie Laveleye annimmt, gar nicht von nöten. War Ackerland im Überflufs vorhanden, so okkupierte jede Familie so viel wie sie bebauen konnte, und bei dieser Okkupation besafs der, welcher zuerst Besitz ergriffen hatte, ein Vorrecht.

Die Hauskommunion ist demnach keine Übergangsform in der Grundeigentumsentwicklung, sondern eine Familiengemeinschaft, die bei den Südslaven existiert, seitdem wir überhaupt Kunde von ihnen haben.

2. Zur Kritik der Theorie Hildebrandts.

Neben Laveleyes Schrift: „De la propriété" hat fast kein Buch in der Literatur über die Geschichte des Grundeigentums so viel Aufsehen erregt, wie Hildebrandts „Recht und Sitte"[1].

---

[1] Dr. Rich. Hildebrandt, Recht und Sitte auf den verschiedenen wirtschaftlichen Kulturstufen, I, 1896.

Ebenso wie Laveleye ein allgemeines Gesetz aufzufinden anstrebte, so liegt Hildebrandts Abhandlung der Gedanke „einer allgemeinen Entwicklungsgeschichte des Rechtes und der Sitte" zu Grunde. Er sieht die ökonomischen Momente als diejenigen Faktoren an, die Handel und Wandel am stärksten beeinflussen und darum auf die Ausbildung von Recht und Sitte bestimmend einwirken. Infolgedessen müfsten auch da, wo wir gleiche Wirtschaftsstufen antreffen, die Gestaltungen in Recht und Sitte einander gleichen, da sich in ihnen der jeweilige Stand der Wirtschaftsverhältnisse bei einem Volke widerspiegelt.

In all seinen Ausführungen will er feststellen, dafs die Theorie von dem ursprünglichen Gemeineigentum an Grund und Boden haltlos sei. Seine Gedanken lassen sich in folgende vier Sätze zusammenfassen:

I. In Urzeiten war das Land des Ackerbauers nicht res communis, sondern res nullius.

II. Später haben wir die Erscheinung einer unvollkommen durchgeführten Erbteilung pro indiviso, woraus die Entstehung des Miteigentums — nicht Gemeineigentums — folgert.

III. Für ein Eigentumsrecht am Boden hat man ein mehr oder weniger prekäres ius in re aliena oder das Nutzungsrecht an einem im Eigentum eines oder mehrerer Grundherren stehenden Lande gehalten.

IV. Als ein Eigentumsrecht der Gemeinde hat man angesehen, was nur eine rein administrative Befugnis war.

Nach dem, was wir von den serbischen Verhältnissen wissen, können diese Thesen ebensowenig wie die Laveleyeschen auf allgemeine Gültigkeit Anspruch erheben.

Zwar zitiert Hildebrandt einige Stellen, die über die wirtschaftlichen Zustände der Südslaven sprechen, doch müfsten — wenn diese Verhältnisse von ihm richtig anfgefafst worden wären —, seine Behauptungen, die allgemeine Geltung haben sollen und nach denen in keiner Hinsicht vom gemeinsamen Eigentum die Rede sein kann, anders lauten.

Über den Grund und Boden der Hauskommunion oder,

wie sie Cäsar nennt, „gentes ac cognationes hominum, qui una coierunt", sagt Hildebrandt, dafs es nur „ungeteilten Besitz eines dem Ackerbau überlassenen Grundstückes gibt, das gemeinschaftlich bewirtschaftet wird" (S. 93).

Hildebrandt betont, dafs Besitz kein Eigentum ist. Besitz ist ein Recht auf Nutzung, d. h. das Recht, zu ernten, wo man gesäet hat und zu säen, wo man gerodet hat (S. 84).

Wir werden später darauf eingehen und Beispiele dafür heranziehen, dafs bei den Südslaven der Hauskommunion an dem bebauten Lande nicht nur der Besitz, sondern auch ein gemeinsames Eigentum mit allen Rechten freier Verfügung, natürlich nach Übereinkunft aller Mitglieder der Hauskommunion zustand.

Noch merkwürdiger ist Hildebrandts Auffassung von dem Ursprung der Hauskommunion. Er sagt: „Ein Grundstück läfst sich nicht ebenso leicht teilen, wie eine Herde. Und ganz besonders gilt dies dann, wenn das betreffende Grundstück von sehr geringem Umfange ist. Dazu kommt, dafs der jeweilige Besitz ja niemals länger als ein Jahr dauert. Unter diesen Umständen hätte sich eine Teilung auch gar nicht gelohnt. Das waren die Gründe, weshalb man die Grundstücke ungeteilt liefs oder den Ackerbau gemeinschaftlich betrieb."

Es ist wahr, dafs eine Herde leichter zu teilen ist, als ein Grundstück; aber ebenso wahr ist es, dafs die Schwierigkeit der Teilung nicht so grofs war, als dafs später und noch heute die Hauskommunionen sich nicht auflösen könnten und es zu einer Teilung nicht hätte wirklich kommen können. Wir könnten weitere Tatsachen dafür anführen, dafs z. B. in Serbien zu einer Zeit, als die Hauskommunionen in grofsem Mafse sich aufzulösen begannen, administrative Mafsregeln, um die Parzellierung zu erschweren, getroffen wurden, jedoch ohne Abhilfe zu schaffen. Auf keinen Fall dürfen wir annehmen, eine Teilung sei in früheren Zeiten schwieriger zu bewerkstelligen gewesen, als in der neueren Zeit. Darin kann also der Grund nicht liegen, wenn alle Mitglieder in der Hauskommunion bleiben. Auch kann die Kleinheit des Grund und Bodens die Erhaltung der Hauskommunion unmöglich fördern, denn es gibt ja doch auch Hauskommunionen mit sehr umfangreichen Liegenschaften. Eben deswegen, weil die Hauskommunion so grofs ist, erhält sie sich.

Wir haben oben die authentische Meinung Dučićs angeführt, wonach in Montenegro die Hauskommunionen sich darum nicht zu erhalten vermögen, weil der Umfang des Gutes zu gering ist, als dafs aus einer Arbeitsteilung Nutzen für die Mitglieder entspringen könnte.

Der dritte Grundsatz Hildebrandts von der einjährigen Bewirtschaftung des Bodens ist haltlos, weil wir sehr viele Hauskommunionen auch dort finden, wo keine so kurzfristige Ackerbestellung vorkommt.

Hildebrandt geht in dem Streben, die alte Theorie von dem ursprünglichen Gesamteigentum zu beseitigen, so weit, dafs er das Bestehen des Gesamteigentums in der Hauskommunion einfach ableugnet.

Auch will er diese Erscheinung des Gesamteigentums an Wald und Weide so erklären: „Ein Gut, namentlich ein sehr grofses, kann mit der Zeit im Wege der Erbteilung in mehrere kleine Güter zerfallen. Auf diese Weise werden die Erben zu Nachbarn oder an die Stelle eines Hofes treten mehrere Höfe. Aber diese Erbteilung braucht nicht auf das ganze Gut sich zu erstrecken, da es ja immer nur der Ackerbau ist, der zur Teilung drängt, nicht auch die Jagd oder die Viehzucht. Ein mehr oder weniger grofser Teil des Gutes kann noch auf lange Zeit hinaus ungeteilt oder in gemeinschaftlicher Nutzung bleiben. In diesem Falle liegt mit Bezug auf das noch ungeteilt gebliebene oder gemeinschaftlich benützte Wald- und Weideland kein Gesamteigentum, sondern nur ein Miteigentum vor, d. h. es hat dabei jeder einzelne schon von Haus aus auf Grund seiner Geburt oder Abstammung, nicht erst auf Grund eines Vertrages oder eines ‚Beschlusses der Gesamtheit' (Gierke) Anspruch auf eine ganz bestimmte Quote, — und das ein für alle Male, nicht nur zeitweise oder nur so lange, als es etwa der Gesamtheit belieben würde. Der einzelne, wie die Gesamtheit, ist dabei das Rechtssubjekt. Und daher steht es auch dem einzelnen von Haus aus jederzeit frei, auf eine weitere

Teilung zu dringen oder eine vollkommene Ausscheidung seines Anteils zu begehren" (S. 165).

Dafs diese Hildebrandtsche Erklärung bei den Südslaven nicht zutrifft, ersieht man aus folgendem:

1. In Montenegro existiert noch heute Wald und Weide als Gesamteigentum des ganzen Stammes, und wir können auf keinen Fall annehmen, dafs ein ganzer Stamm nur von einer Familie herrührt, die einst das ganze Gebiet der jetzigen pleme eingenommen hätte. So umfafst z. B. der Stamm Wasojewići in der Herzegowina, jetzt in Montenegro, ein Gebiet von 12 bis 14 Stunden in der Breite, zählte 56 Dörfer und einen Hauptort Berane mit einer Bevölkerung von 1000 Seelen. Hier kann also das gemeinsame Eigentum an Wald und Weide keineswegs durch noch nicht ausgeführte Teilung entstanden sein.

2. Bei der Teilung des Stammeigentums kommt nicht der einzelne, sondern ein ganzes Dorf, eine Sippe oder ein Haus in Betracht, und es kann deshalb keine Rede davon sein, dafs der einzelne Anspruch auf eine bestimmte Quote hätte oder dafs der einzelne Rechtssubjekt wäre.

Ebenso steht Hildebrandts Behauptung, dafs von Haus aus jeder das Recht hätte, seinen Anteil ganz oder teilweise zu veräufsern, im Widerspruch mit dem, was wir bei den Südslaven sehen können. Das Statut von Polica (1400) enthält in § 73 die Verordnung: „Das Gesetz über das Grundeigentum lautet: Altvererbtes Land soll der jetzige Besitzer bebauen und davon leben; aber es ist nicht erlaubt, dafs er das Land ohne grofse Not veräufsert, sondern er soll nach altem Gesetz und nach alter Sitte dasselbe unangetastet lassen."

Kein Kenner des alten südslavischen Gewohnheitsrechtes findet diese Bestimmung etwa wunderlich, denn hier ist nur schriftlich ausgedrückt, was gewohnheitsrechtlich über die Unveräufserlichkeit des Familieneigentums galt.

So sagt auch Wuk Wrčewić, der über serbisches Gewohnheitsrecht auf das beste unterrichtet ist: „So lange in einer Familie auch nur ein männliches Wesen existiert, veräufsert niemand das geringste vom stožer (Stammgut), ebensowenig als er sein Weib oder Kind losschlüge. Dagegen kann man sonstige Grundstücke (solche wohl, die man nicht von den Vorfahren überkommen, sondern selbst erworben hat) oder einen Teil der Herden in gröfserer Notlage verkaufen."

Diese Beispiele lehren, dafs der einzelne an dem Land, welches er bebaute und besafs, kein dingliches Verfügungsrecht hatte; noch weniger konnte er Rechtssubjekt sein in Bezug auf das der Gesamtheit gehörige Grundeigentum an Wald und Weide.

3. Hildebrandts Ausführungen über gemeinsames Wald- und Weidevermögen mögen einigermafsen bei einer Sippe zutreffen. Wie bereits angedeutet, besteht bei den Südslaven noch heute eine Sippe in der Herzegowina und in Montenegro aus mehreren blutsverwandten Familien. Der Ursprung solcher Sippen geht sicher zurück auf einen gemeinsamen Urahn. F. Krauss berichtet von Montenegro, es habe nicht nur jede pleme ihre Weideplätze, auf die alle Sippen ihr Vieh treiben dürften, sondern auch jede Sippe ihren besonderen, umzäunten Weideplatz, den man zabrana (Wehr oder Verbot) oder auch cjelina (das Ganze) nenne. Aber auch hier kommt nicht der einzelne als Träger von Rechten vor, denn in einigen früheren Mitteilungen wird folgendes ausdrücklich hervorgehoben:

„Bei der Teilung von Wald und Weide ist
1. der Stammbaum der vermehrten Sippe herauszufinden und
2. mufs dann die Teilung nach Gliedern, in stirpes, und nicht nach der jetzigen Anzahl der Familien oder etwa nach der Kopfzahl, in capita, vorgenommen werden."

Das Statut von Polica sagt in Art. 102, man müsse bei der Teilung des gemeinsamen Waldeigentums nach dem Teilungsvorgang bei dem bebauten Lande verfahren.

Der Passus bei Hildebrandt, jedem stehe frei, auf Teilung zu dringen oder eine vollkommene Scheidung zu begehren, kann nur insoweit gelten, als er sich auf die Hauskommunion bezieht. Aber, wie gesagt, ist diese Befugnis des einzelnen nicht ausgedehnt auf das Gesamteigentum des Stammes oder der Sippe an Wald und Weide. Übrigens sagt das Zitat von Krauss, auf das sich Hildebrandt beruft, ganz deutlich: „Jedes erwachsene männliche Mitglied einer Hausgemeinschaft hat das Recht, eine Teilung zu fordern."[1] Unverständlich ist es deshalb, wenn Hildebrandt seine Behauptung zu allgemeiner Gültigkeit erheben will.

Fassen wir alles zusammen, was wir über Hildebrandts Ausführungen gesagt haben, so kommen wir zu dem Schluſs, daſs die wichtigste These, die Basis seiner Kritik des Grundeigentums, in der er hervorhebt, „daſs das Grundeigentum nur eine nicht vollkommen durchgeführte Erbteilung (pro indiviso) oder nur ein Miteigentum (condominium) ist," demnach nicht zu vereinbaren ist mit dem, was wir bei den Südslaven vorfinden.

3. Zur Kritik der Theorie Peiskers.

Wir kommen jetzt zu der neuesten Theorie von der Entstehung der serbischen Hauskommunion, die sich auf das reichste Quellenmaterial stützt und in ihren Einzelheiten mit der gröſsten Sorgfalt ausgearbeitet ist. Es ist die Abhandlung von Peisker: „Die serbische Zadrûga"[2].

Wie M. Cicerin[3] und Bistram[4] und besonders Frau A. Jefimenko[5] in ihren Abhandlungen den Nachweis liefern, daſs die Entstehung des russischen „Mir" nicht in der altslavischen Gentilverfassung wurzelt und ebensowenig eine Fortsetzung des in der Urzeit bestehenden Gesamteigentums der Gemeinde ist, sondern daſs die Mirverfassung unter dem Drucke der Finanzpolitik und des wirtschaftlichen Interesses der Grundherren entstand, ebenso erklärt Peisker unter dem Einflusse dieser neueren russischen Forschungen das Entstehen der serbischen Hauskommunion.

---

[1] Krauss a. a. O. S. 116.

[2] J. Peisker, Die serbische Zadrûga (Zeitschr. f. Sozial- u. Wirtschaftsgeschichte VII, 1900, S. 211—326).

[3] M. Cicerin, Versuche einer Geschichte des russischen Rechtes, Moskau 1858.

[4] Bistram, Die rechtliche Natur der Stadt- und Landgemeinde, Petersburg 1866.

[5] A. Jefimenko, Forschungen über das Volksleben, Moskau 1884.

Bevor wir auf Peiskers Erörterungen eingehen, sei es uns gestattet, zu bemerken, dafs Peisker an mehreren Orten den Sippenkommunismus mit der Hauskommunion identifiziert, was, wie wir schon wissen, durchaus verkehrt ist. Stamm, Sippe und Haus müssen bei den Slaven stets auseinander gehalten werden. Ein Beweis, dafs kein Sippenkommunismus existiert hat, kann in keinem Falle den Schlufs rechtfertigen, dafs es auch keine Hauskommunion gegeben hat. Im Gegenteil, die Hauskommunion kann bestehen ohne Anzeichen von irgend welchem Sippenkommunismus.

Aus der Peiskerschen Schrift sind zwei Hauptthesen zu entnehmen:

I. Im byzantinischen Reiche wurde die Kopfsteuer so gehandhabt, dafs für caput als Steuereinheit das Haus genommen wird, in dem zwei, höchstens drei (bini ac terni) verheiratete Männer sind.

II. Dieses Steuersystem wurde im Mittelalter von den serbischen Königen übernommen und durch das Gesetz wurden Häuser geschaffen, in denen 2—3 verheiratete Männer leben mufsten.

Peisker sagt S. 231: „Der Keim der Zadrûga liegt in dem bini ac terni viri-System von allem Anfang an, denn wenn 2—3 verheiratete Männer eine Einheit für Steuer und Frondienst ausmachen, so liegt es sehr in der Natur der Sache, dafs sich die Gruppierung der Besteuerten nach dem Verwandtschaftsgrade vollziehen dürfte, dafs nicht Wildfremde ganz willkürlich ohne zwingenden Grund zu einem caput, einem focus zusammengekoppelt werden, sondern dafs der Vater mit einem oder zwei Söhnen, oder zwei bis drei Brüder, unter Umständen auch Oheim und Neffen u. s. w., je nach dem Walten von Kommen und Sterben, zusammenbleiben und wirtschaften. So entsteht durchaus mit Zwang und wider die Natur der primitiven Menschen ein Zusammenleben . . .“

Denselben Gedanken drückt er S. 263 mit folgenden Worten aus: „Es hat bei den Serben zur Zeit ihrer politischen Selbständigkeit (im Mittelalter) Hauskommunionen als Geschlechtsgemeinschaften überhaupt nicht gegeben, sondern in der Regel kleine Hausstellen. Aber diese kleine Hauskommunion ist ja nicht ein herübergerettetes Residuum eines rein utopischen altslavischen Sippenkommunismus, sondern sie wird durch Rezeption der byzantinischen Besteuerungsform dem Volke aufgezwungen. Zu rein fiskalisch-wirtschaftlichen Zwecken wurden der bäuerlichen Familie genaue Grenzen des Zusammenlebens gezogen; noch im 13. Jahrhundert wurde der Sohn vom Vater getrennt und unter Umständen an einen Wildfremden zu einem neuen caput gekoppelt."

Dieser Peiskerschen Erklärung der Grundidee des byzantinischen Steuersystems widerspricht auch selbst Zachariä v. Lingenthal[1], auf dessen Untersuchungen Peisker hauptsächlich seine Theorie von der Form dieser Steuer basiert. Lingenthal sagt von demselben bini ac terni-viri-System: „Ob und was zu Justinians Zeiten von der Kopfsteuer der Bauern noch übrig war, ist schwer zu bestimmen. Auf der einen Seite finden wir in Justinians Kodex die allgemeine Regel, dafs bini ac terni viri, quaternae vero mulieres als ein caput besteuert werden sollen, und Julian Epitome Novellarum Const. XXII c. 79 erklärt die Kolonen geradezu als capite censi. Auf der anderen Seite ist in Justinians eigenen Steuergesetzen keine Spur einer Kopfsteuer zu finden."[2]

Lingenthal gibt für diese Unklarheit zweierlei Erklärungen; mag die eine oder die andere Auslegung richtig sein, von denen übrigens selbst Peisker sagt, sie liefsen bis heute an Zuverlässigkeit nichts zu wünschen übrig, — soviel ist jedenfalls sicher, dafs noch zu Justinians Zeiten diese byzantinische Kopfsteuer ein ganz anderes Gepräge zeigte, ja schon im Verschwinden war. Nach den weiteren Ausführungen von Lingenthal sehen wir deutlich, dafs diese Kopfsteuer mit der Rauchsteuer identifiziert wurde. Dieses sogenannte $\varkappa\alpha\pi\nu\iota\varkappa\acute{o}\nu$, als letzter Überrest der alten Kopfsteuer, scheint nach Lingen-

---

[1] Zachariä v. Lingenthal, Geschichte des griechisch-römischen Rechtes (2. Aufl.), Berlin 1867. Derselbe, Zur Kenntnis des römischen Steuerwesens in der Kaiserzeit (Mémoires de l'académie imperiale des sciences, St. Petersbourg 1863).

[2] v. Lingenthal, Zur Kenntnis etc., S. 11.

thal übrigens unter Johannes I Tsimiskes (969—976) völlig aufgehoben worden zu sein[1]. Gegen diese Behauptung Lingenthals in betreff der Rauchsteuer wendet sich Peisker (S. 228) mit den Worten: „Dies leuchtet jedoch, wenigstens in dieser Allgemeinheit, keineswegs ein, denn wir finden die Rauchsteuer und noch dazu im Sinne der bini (möglicherweise ac terni) viri in vollster Lebensfrische und zielbewufst, ja, wenn nur auf bini viri beschränkt, dann sogar in aufserordentlicher Verschärfung in der serbischen Gesetzgebung noch lange nach der Befreiung von der byzantinischen Botmäfsigkeit vorgeschrieben."

Dieser Zusammenhang zwischen dem byzantinischen System der Rauchsteuer und der mittelalterlichen Steuerform im serbischen Staate ist sehr lose und sogar wenig glaubwürdig. Man bedenke doch nur, dafs zwischen Justinians Regierungszeit, wo dieses καπνικόν schon fast verschwunden war, und zwischen der Aufrichtung des serbischen Staates bereits sechs Jahrhunderte liegen.

Wenn nun aber eine solche Steuer auch tatsächlich in Serbien, ähnlich wie in vielen anderen Ländern, existierte, so war der Grund unzweifelhaft der, dafs hier wie dort dieselben realen Verhältnisse obwalteten, welche die Einführung einer derartigen Steuerform erheischten, dafs namentlich gewisse Steuern am zweckmäfsigsten nach der Zahl der Feuerstellen und Häuser eingezogen wurden.

Peisker will seine Theorie, dafs die Hauskommunion im Mittelalter durch Zwang hervorgerufen wäre, des weiteren auf zwei Zitate aus einem Chrysobull des Mittelalters stützen, die er aber zu seinen Gunsten künstlich auslegt. Doch merkt man die Unrichtigkeit der Auslegung auf den ersten Blick.

Der erste Passus stammt aus einem Chrysobull der Zeit des Königs Wladislaw (1234—1242?), in dem der Mutter-Gottes-Kirche zu Bistrica einige Geschenke geweiht werden. Es heifst da: „Und der Sohn mag mit dem Vater zusammenwohnen, nachdem er geheiratet hat, drei Jahre lang; nach Ablauf der drei Jahre soll er in den persönlichen Dienst der

---

[1] v. Lingenthal a. a. O. S. 14.

Kirche treten; ist er ein jedinak (d. h. steht er einzeln da), dann soll ihm der Klostervorstand nach Belieben einen Genossen geben." (S. 215.)

Auf Grund dieser Anordnung führt nun Peisker aus, dafs in der Zeit des Königs Wladislaw keine Hauskommunion und auch keine Einzelfamilie bestehen konnte, sondern dafs durch den Zwang des zitierten Gesetzes sogenannte Doppelfamilien geschaffen wurden.

Vor allem ist die herangezogene Stelle kein allgemein gültiges Gesetz, sondern ein der Kirche zweifellos zu dem Zwecke verliehenes Privileg, ihr höhere Einnahmen zu verschaffen.

Aber gerade dieses Verbot, dafs keine grofse Familie auf dem Kirchengut zu Bistrica sein soll, beweist das Vorhandensein solcher Familien und die Absicht, sie nicht aufkommen zu lassen.

Novacović charakterisiert an einer Stelle mittelalterliche Gesetze ganz richtig, indem er sagt: „Damals war es Sitte, dafs man nicht durch Gesetz jedem Bekanntes vorschrieb, sondern nur das, was als eine Neuigkeit eingeführt oder besonders eingeschärft werden sollte, was von der damaligen Sitte abwich oder vor Mifsbrauch gesichert werden sollte."[1]

Der Peiskersche Satz beweist am besten das Gegenteil von seiner Lehre, d. h. das Gesetz hat nicht die Hauskommunion geschaffen, sondern umgekehrt, die öffentliche Gewalt hat aus finanziellen Gründen ihre Ausbildung verhindert.

Der letzte Absatz unseres Zitates, wo es heifst, der Klostervorstand könne dem Alleinstehenden nach Belieben einen Genossen geben, gibt Peisker am meisten Veranlassung, auf diese Weise das Entstehen der Hauskommunion oder Doppelfamilie, wie er sagt, zu erklären. Für seine Zwecke bringt er aus dem St. Stephaner Chrysobull des Königs Milutin aus den Jahren 1313—1318 noch die Vorschrift: „Und welche keinen Sohn oder Bruder oder Knecht haben, die Einzelstehenden,

---

[1] Novacović, Proniari und Bastinici (Glas der Kgl. serb. Akad.), Belgrad 1887, S. 10.

sollen sich je zwei aneinanderschliefsen, auch wenn sie einen abgesonderten Frondienst und Acker haben." (S. 216.)

Wegen dieser beiden Angaben glaubt Peisker zu der Schlufsfolgerung berechtigt zu sein, „dafs wir aus dem Ganzen lernen, dafs es nach dem Geiste der Gesetze noch am Beginn des 14. Jahrhunderts weder Geschlechtskommunion noch einzelne Familien geben konnte, sondern dafs Doppelfamilien die Grundlage des bäuerlichen Daseins gebildet haben" (S. 216), dafs also die Steuereinheit diese Doppelfamilie bildet, die zwangsweise geschaffen wird.

Wie durchaus falsch es ist, aus Zitaten, die Privilegien entnommen sind, ein allgemeines Gesetz abzuleiten, das im ganzen Lande bindend sein soll, haben wir oben gesagt. Auch die obige Stelle kann keineswegs bedeuten, der serbische Gesetzgeber wolle gewaltsam zwei Familien, die vielleicht gar nichts Gemeinsames haben, zur Gemeinschaft zwingen. Einen so unklugen Sinn kann doch Peisker serbischen Gesetzen unmöglich andichten wollen!

Wie sehr Peisker im Unrecht ist, sieht man am besten, wenn man auch nur oberflächlich auf die Frage der Steuerform im Mittelalter eingeht. Viele Mitteilungen aus jener Zeit lassen deutlich eine doppelte Form der Steuer erkennen. Es gab eine Steuer für alle ohne Unterschied und eine für Häuser. So gebietet § 47 des Gesetzes des Kaisers Duschan: „Das Gesetz für die Fronbauern im ganzen Lande ist dieses: In jeder Woche müssen sie dem Grundherrn zwei Tage arbeiten, jährlich einen ‚kaiserlichen Pfennig' (perper) entrichten, unentgeltlich einen Tag mähen, in der Ernte und im Weinberg tätig sein. Wessen Grundherr keinen Weingarten hat, mufs als Ersatz eine andere Arbeit übernehmen. Alles, was ein Fronbauer zu leisten hat, hat er ordentlich auszuführen. Gar nichts anderes darf von ihm gefordert werden, als was das Gesetz erlaubt."

Dieser Artikel beweist, dafs auf alle männlichen Köpfe Steuer fällt. Auch eine andere Stelle des Chrysobulls des Königs Milutin verteilt einige Arbeiten, wie Pflügen, Arbeiten im Weingarten, Mähen u. a. auf alle männlichen Köpfe, doch heifst es am Schlusse: „Wenn die betreffende Arbeit in entfernteren Orten verrichtet werden mufs, dann soll aus jedem Hause nur eine Person geschickt werden." Also wird in einzelnen Fällen nach Häusern gesteuert.

Damit seine Erklärung nicht mit anderen in Widerspruch steht, führt Peisker das Chrysobull unvollständig an. Die Stelle lautet nämlich so: „Und die, welche keinen Knecht oder Sohn oder Bruder haben, die Einzelstehenden, je zwei, sollen sich aneinanderschliefsen, auch wenn sie einen abgesonderten Frondienst und Acker haben. Das gilt für andere Frondienste, aber beim Pflügen und Arbeiten im Weingarten und dergl. mufs jeder arbeiten."

Wenn wir so zitieren, ist klar ausgedrückt, dafs einige Arbeiten von jedem einzelnen, einige von den Häusern verlangt werden. Der Gesetzgeber wollte aus Gerechtigkeitssinn die Einzelfamilien nicht mehr zur Arbeit heranziehen, als die Hauskommunion. Darum sollten sich zu gewissen Arbeiten die einzelnen Familien zusammentun. Aber das kann nicht bedeuten, dafs auf diese Weise die Hauskommunionen erst geschaffen wurden oder dafs diese „Doppelfamilien" die Grundlage des bäuerlichen Lebens gebildet hätten. Eben nur zu vorübergehenden Zwecken haben sich die keine Hausgemeinschaft bildenden Einzelfamilien vereinigt, wie wir aus demselben Chrysobull sehen, wo der Salztransport von der Seeküste so verteilt wurde, dafs vier Häuser zusammen verpflichtet wurden, einen towar (jetzt = Doppelzentner) zu übernehmen. Eine so entstandene „Doppelfamilie" nach Peisker existierte aber als eine ständige Gemeinschaft überhaupt nicht. Das Bestreben des serbischen Gesetzgebers ging nur dahin, den Einzelfamilien die Möglichkeit zu verschaffen, bei einigen Arbeiten sich untereinander zu helfen und so einer gröfseren Anzahl von Einzelfamilien die Leistung zu erleichtern, weil daran der Grundherr ja grofses Interesse hatte, da einige Dienste doch nur von Häusern geleistet wurden.

Weiter will Peisker uns zeigen, dafs nach Anordnung anderer Chrysobullen diese zwei Familien auch wirklich Haus und Herd gemeinsam hatten (S. 220). Dafür hat er drei

Stellen aus verschiedenen Chrysobullen des Kaisers Duschan ausfindig gemacht, mit denen er wie mit der ersteren verfährt.

I. Aus dem Hilandarer Chrysobull:
„Ein jeder, der abgeteilt ist, soll zwei Tage wöchentlich arbeiten."

II. Aus dem Erzengel-Kloster-Chrysobull:
„Sie sollen in der Woche zwei Tage nadimicom, d. h. pro fumo arbeiten."

III. Aus dem Chrysobull an den Metropolitan von Seres:
„Und sie sollen der Kirche zwei Tage arbeiten jede Kuća (Haus)."

Weil wir hier überall gleich große Lasten („zwei Tage wöchentlich") finden, so denkt Peisker, „es müssen daher die Wendungen, „jeder, der abgeteilt ist, d. h. eine Wirtschaftseinheit bildet", „nadimicom (pro fumo)" und „jede Kuća" dasselbe bedeuten.

Demgegenüber drängt sich jedoch zunächst die Frage auf, ob denn wirklich in diesen Chrysobulls für dieselbe Sache jedes Mal ein anderes Wort gebraucht wurde. Den Beweis dafür bleibt Peisker jedenfalls schuldig. Aber tatsächlich läfst sich die Unrichtigkeit seiner Annahme auch dadurch dartun, dafs vielfach in den Chrysobulls gleichen Steuereinheiten verschiedene Lasten auferlegt wurden, und das ist offenbar auch in den oben genannten drei Fällen geschehen. Die betreffenden Ausdrücke bezeichnen also keineswegs dasselbe.

Nirgends wird insbesondere gesagt und aus keinem Grunde kann man aus dem ganz klaren Ausdruck „jeder, wer abgeteilt ist," eine Doppelfamilie folgern, d. h. dafs hier ein Haus mit zwei verheirateten Männern gemeint ist, und „dafs darin eine Gemeinschaft von Hab und Gut" besteht. Übrigens geht aus dem uns überlieferten statistischen Material des Mittelalters auch aufs klarste hervor, dafs die Hauskommunionen keineswegs nur Doppelfamilien waren im Sinne Peiskers.

So wird z. B. im Weiler Istinićima eine Hauskommunion nach männlichen Mitgliedern auf folgende Weise veranschaulicht:

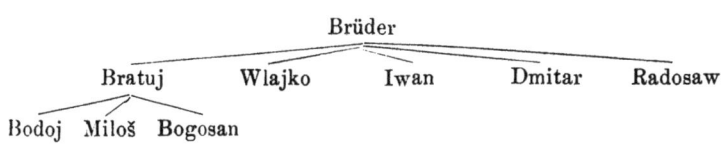

Wir haben hier also eine Hauskommunion von fünf Brüdern vor uns und von einem Bruder drei Söhne. Der Stammvater ist indessen nicht dabei. Interessant ist dies deshalb, weil Peisker von seiner Theorie der Doppelfamilie nur eine Ausnahme gelten lassen will, nämlich dafs die Zahl der erwachsenen Männer gröfser sein könne, als zwei, nur dann, wenn der Stammvater noch lebe. Hier und in manchen anderen Fällen ist aber bewiesen, dafs auch dieser, übrigens schon an und für sich höchst unglückliche Versuch, die Theorie mit der Wirklichkeit in Einklang zu bringen, mifslungen ist.

Noch eine weitere Argumentation Peiskers für das Bestehen einer Doppelfamilie müssen wir prüfen. Es gibt in Serbien und auch in anderen südslavischen Gebieten die Erscheinung der sogenannten „Verbrüderung oder Brüderschaft" (nicht in dem Sinne von Sippe!). Solche Verbrüderungen entstehen auf folgende Art: Es vereinigen sich z. B. zwei ärmere Leute in der Absicht, ihre materielle Lage zu verbessern, bringen ihre Habe und ihr Vermögen zusammen und leben wie Brüder in einem Hause. Auch geht wohl ein Reicher mit ganz kleinem Familienkreis eine solche Brüderschaft mit einem Armen ein, der bei ihm aufgenommen wird und ihm bei der Arbeit hilft. Dabei wird vertragsmäfsig das materielle Verhältnis zwischen den Kontrahenten festgesetzt. Peisker will auch diese Erscheinung für seine Theorie von der Entstehung der „Doppelfamilien" verwerten, macht dabei aber unbeabsichtigt eine für seine Theorie recht unglückliche Wendung, wenn er von solchen Verbrüderungen in Klein-Rufsland behauptet (S. 218): „Gleiche oder zum mindesten ähnliche wirtschaftliche Verhältnisse haben hier wie dort ähnliche Institutionen hervorgerufen."

Mit diesen Worten widerlegt sich Peisker selber. Die Frage ist berechtigt, warum, wenn diese wirtschaftlichen Verhältnisse jetzt so stark sind, dafs sie eine Form der Gemeinschaft hervorbringen können, es nicht früher ebenso sein konnte. Wenn wir finden, dafs sich fremde Menschen aus materiellem Bedürfnis vereinigen, ist es doch noch natürlicher, dafs die Brüder zusammenbleiben aus gleichem Anlasse. Weiter, wenn die bestehenden wirtschaftlichen Verhältnisse die Menschen zusammenführen, wozu ist es dann nötig, dafs der serbische Gesetzgeber das byzantinische Steuersystem rezipierte und nach der Schablone die Gemeinschaften gewaltsam aufzwang?

Aber Peisker gibt für die Hauskommunion mit mehr als zwei oder drei Mitgliedern doch eine Erklärung, die freilich nicht annehmbar ist. Indessen sagt er über die Einzelfamilien, die in denselben alten statistischen Mitteilungen in sehr grofser Zahl vorkommen, gar nichts, obwohl diese nach seiner Theorie ebensowenig existieren dürfen, wie die grofsen mit mehr als drei Mitgliedern. Das sagt er auch selbst (S. 215), bleibt uns aber die Erklärung ihres Bestehens schuldig.

Wir haben die ganze Beweisführung der Peiskerschen Theorie geprüft. Vielleicht wäre es nötig, sich noch ausführlicher in kritische Erörterungen darüber einzulassen, denn, wie oben angedeutet, steht die Abhandlung nach vorliegendem Material an erster Stelle in der betreffenden Fachliteratur. Doch ist diese Stoffsammlung nicht dazu angetan, Schlüsse zu ziehen, die Peiskers Theorie wissenschaftlich begründen könnten. Für seine Behauptungen mufs Peisker ganz sichere und unzweideutige historische Angaben vorbringen, über die er aber augenscheinlich nicht verfügt. Die ganze Abhandlung läfst in uns den Eindruck zurück, als habe ihr Verfasser noch vor der Materialsammlung seine feste Meinung gebildet und danach alle Angaben und Zitate sich ausgelegt[1].

Ergebnis der eigenen Beurteilung.

Ob die Hauskommunion als eine besondere Institution schon bei den Altslaven bestanden hat, welche die Südslaven aus ihrem früheren Wohnsitz mit in den Balkan herüber-

---

[1] In jüngster Zeit ist die Theorie Peiskers allgemeiner bekannt geworden durch Prof. v. Below, der ihr rückhaltlos zuzustimmen scheint. Vgl. seine Ausführungen in der Beilage zur „Allgemeinen

gebracht haben, läfst sich nicht entscheiden. Doch bestätigen die ältesten Überlieferungen, die auf uns gekommen sind, ihr Vorhandensein. Im Mittelalter fafst der Gesetzgeber die Hauskommunion juristisch und finanziell als Einheit auf. Später, in der Türkenzeit, spielt sie eine ungewöhnlich grofse Rolle, und noch heute betrachtet der Gesetzgeber sie als eine besondere Form und setzt für sie rechtliche Spezialbestimmungen fest.

Ganz richtig ist, dafs die ökonomischen Ursachen die Ausprägung der Familie in dieser oder jener Gestalt am stärksten beeinflussen. So sagt E. Grosse, dafs „die verschiedenen Formen der Familie den verschiedenen Formen der Wirtschaft entsprechen, dafs sich der Charakter jeder einzelnen Familienform in wesentlichen Zügen aus dem Charakter der Wirtschaftsform erklären läfst, in welcher sie wurzelt[1]." Der Hauskommunion begegnen wir fast bei allen Völkern auf der primitiven Stufe des Ackerbaues und der Naturalwirtschaft. In dieser Phase der ökonomischen Entwicklung ist jede Familie genötigt, für alle Bedürfnisse durch Eigenproduktion zu sorgen, und dieser Grund zwingt die Familie ganz natürlich zur Vermehrung der Arbeitskräfte. Darin unterscheidet sich ja der Ackerbau auch von anderen Erwerbszweigen, dafs bei ihm fast alle Arbeiten in wenigen Monaten erledigt werden und bei Mangel an genügender Arbeiterzahl liegen bleiben müssen und dadurch Schaden hervorrufen. Daher kommt es auch, dafs der serbische Bauer seinen Sohn zu früh verheiratet (in den meisten Fällen vor dem 20. Lebensjahre). Diese rein ökonomischen Bedürfnisse haben die Erscheinung hervorgerufen, dafs im Falle, wo eine Familie sich nicht vermehren konnte, auch Fremde in der Hauskommunion Aufnahme fanden. Aber in der Regel entsteht doch die Hauskommunion so, dafs sich die Brüder nicht trennen, sondern gemeinschaftlich wirtschaften, wie man im Gerichte von Libuša liest:

Zeitung", wo er zu dem Ergebnisse kommt: „Die Entdeckung Peiskers ist für die Geschichte unserer Theorie von abschliefsender Bedeutung." (Jahrg. 1903, S. 94.) Vgl. auch Rachfahl a. a. O. S. 211 Anm. 2.

[1] E. Grosse, Die Formen der Familie, 1896, S. 1.

„Nach dem Satze des ewigen Gottes sollen Brüder gemeinsam (mit dem Erbe) schalten. Beide sollen gemeinsam besitzen [1]."

Derselbe Gedanke drückt sich auch in dem schwedischen Sprichwort aus: „Beisammen wohnen Brüder am besten!" Wir haben auch aus der jüngsten Zeit Beispiele dafür, dafs diese ökonomischen Gründe in der Landwirtschaft das Entstehen der grofsen Familien zum Bedürfnis machen. Aus den zahlreichen statistischen Erhebungen, die im Laufe des 19. Jahrhunderts über die Kolonisation West- und Ostsibiriens und in Transbaikalien angestellt worden sind, geht ebenfalls die Stärke des Bedürfnisses nach Bildung grofser Familien hervor [2].

Ähnliches finden wir auch bei anderen Völkern. So berichtet Dewas [3] über China:

„Beim Verhältnis der Geschwister in China ist Familiengemeinschaft ein auffallender Zug. Das Gesetz erlaubt nur dann eine Teilung des Gutes nach dem Tode des Vaters, wenn die Witwe ihre Erlaubnis dazu gibt. Und im Leben ist es ganz gewöhnlich, besonders unter der Bauernschaft, dafs eine Familie in mehreren Generationen in Gemeinschaft bleibt und dafs im Bedürfnisfalle bei jeder Heirat neue Räume an das Wohnhaus angebaut werden. Der technische Ausdruck für solche Gemeinschaft ist Gesamtfamilie. Dieselbe besteht in

---

[1] Šafarik und Palazky, Die ältesten Denkmäler der böhmischen Sprache, Prag 1840.

[2] „Einwanderer in dortigen Gebieten bringen ja aus ihrer Heimat Vermögen mit und zwar natürlich nicht alle gleich viel. Von noch gröfserer Bedeutung sind, wie das die Untersuchungen Al. Kaufmanns über die Verhältnisse der Neuansiedler in Sibirien nachgewiesen haben, die Unterschiede in der Arbeitsfähigkeit der Familien; Familien, welche über viele Arbeitskräfte verfügen, gedeihen gut, auch wenn sie verhältnismäfsig geringes Vermögen mitbringen, dagegen ist es denjenigen Familien, wo wenige arbeitsfähige Mitglieder sind, sehr schwer, in den neuen Verhältnissen emporzukommen, selbst wenn ihr mitgebrachtes Vermögen verhältnismäfsig hoch ist." (Tschuprow, Die Feldgemeinschaft, 1902, S. 119.)

[3] Dewas, Studien über das Familienleben, übersetzt von Baumgarten, Paderborn 1887, S. 11 ff. (vgl. G. Cohn, Gemeinderschaft und Hausgenossenschaft, S. 53. 54.).

China aus vielleicht durchschnittlich 10 Personen, oft aber erreichen sie die Zahl 40 und mehr. Wenn sie zu umfangreich werden oder wenn unversöhnlicher Zwist ausbricht, wird die lange aufgeschobene Teilung zum Austrag gebracht. Und die praktischen Chinesen haben längst herausgefunden, welch grofse Ersparnis an Mühe und Kosten gemacht wird bei gemeinsamer Arbeit und gemeinsamem Vergnügen." S. 11: „Das Familiengut umfafst alles, was der Vater geerbt, sowie was er oder seine Söhne dazu erworben haben, denn alle Errungenschaften werden konferiert. Es ist zwar für einen Sohn, der die Familie verläfst, um Beamter zu werden oder Kaufmannsgeschäfte in fremden Landen zu betreiben, möglich, auszuscheiden zu gesondertem Erwerb, so dafs er für eigene Rechnung arbeitet und keinen Teil am zu teilenden Familiengut hat, aber das ist weniger eine Ausnahme als wie eine Anwendung der allgemeinen Regel, dafs die Söhne ein zukünftiges Interesse am Familiengut haben, das man ihnen nicht entziehen kann." S. 14: „Der älteste Sohn ist vor seinen Brüdern ausgezeichnet, ihr Haupt und Herr zu sein, so lange sie in Gemeinschaft leben."

Bei fast allen arischen Völkern läfst sich die Hauskommunion nachweisen. So zählt G. Cohn[1] eine Reihe von Autoren auf, die bei den verschiedenen arischen Völkern die Existenz derselben konstatiert haben, so bei den Indern, Eraniern, Armeniern, Kelten, Griechen, Römern, Germanen, Franzosen und Slaven. Ebenso erwähnt Kovalevsky die Calpulli in Spanien, welche auch eine Hausgemeinschaft ist, wo das Oberhaupt der Calpulli nur als Administrator figuriert. Es ist ihm verboten, Grund und Boden durch Verkauf oder Schenkung zu veräufsern oder zwischen Erben zu verteilen. Derselbe berichtet auch von Kaukasien, dafs bei den meisten Stämmen dort Eigen-

---

[1] G. Cohn, Gemeinderschaft und Hausgenossenschaft, S. 57 ff. — Interessant sind ferner die Mitteilungen, welche N. Abasadse in seiner Schrift „Die Grofsfamilie bei den Georgiern" in der Ethnograph. Revue 1889, III, S. 13, macht. Vgl. auch das Buch von Gogitshayschwili, Das Gewerbe in Georgien, 1901.

tum an Grund und Boden als gemeinsamer Besitz der nicht abgeteilten Mitglieder einzelner Familien gilt[1].

A. Meitzen[2] sieht in der heutigen Hauskommunion bei den Südslaven einen Überrest der alten Familienverfassung. Er meint also, dafs die Hauskommunion schon bei den Altslaven üblich gewesen sei.

Frau A. Jefimenko, die nach Kovalevskys Worten am tiefsten in das Verständnis des russischen Gewohnheitsrechtes eingedrungen ist, nimmt auch als Ausgangspunkt der weiteren ökonomischen Entwicklung in Grofs-Rufsland eben die Hauskommunion an. Sie sagt: „Die unbeweglichen Güter sind gemeinsames Eigentum aller Mitglieder der betreffenden Familie. Privateigentum gibt es fast gar nicht. Ebensowenig existiert eine ‚ouverture de l'héritage' (delatio hereditatis). Der Hausvater verwaltet nur das Gut. Nach seinem Tode wird es nicht etwa geteilt, sondern es kommt ein anderer, der dem Alter oder der Wahl nach Hausvater wird; allerdings wird es gewöhnlich der Bruder oder der älteste Sohn."[3]

Fustel de Coulanges konstatiert in seiner Kritik der Laveleyeschen Theorie von dem Agrarkommunismus, dafs bei den alten Griechen, im älteren römischen Reiche und bei den Germanen und Slaven Grofsfamilien vorhanden gewesen seien, bei denen das Grundeigentum „copropriété de famille" war[4].

Weiter führt Lujo Brentano Beispiele aus Tirol an, wo bei den Italienern Gemeinschaften bestehen, „die — abgesehen von der Wahl des Haushaltungsvorstandes — alle die

---

[1] M. Kovalevsky, Tableau des origines et de l'évolution de la famille et de la propriété, Paris 1890, p. 88 ff.
Derselbe, La commune agricole, les causes et les suites de sa dissolution, S. 40.
Derselbe, Die ökonomische Entwicklung Europas, Berlin 1901, I. Teil, S. 59 ff. (besonders das Bestehen der Hauskommunion im Mittelalter in Europa betreffend).
[2] A. Meitzen, Feldgemeinschaft (in Conrads Handwörterbuch der Staatswissenschaften).
[3] A. Jefimenko a. a. O. S. 62.
[4] Fustel de Coulanges, Le problème des origines . . . S. 421.

Züge haben, die von den südslavischen Hausgemeinschaften berichtet werden."[1]

Über die Hauskommunion in der Schweiz haben wir seit den letzten Jahren zwei sachkundige Abhandlungen, die viele Parallelen zu der serbischen Zadruga ergeben. Das durch Vergleich gewonnene Resultat würde gewifs in überraschender Weise Übereinstimmung bis ins einzelne zeigen.

E. Huber führt aus, dafs „die Hausgemeinschaft in bäuerlichen Gegenden der Schweiz nirgends völlig untergegangen ist"[2].

Endlich kann man nach den Forschungen von Maine, Hearn, Kohler, Leist, Pop u. a. mit vollem Recht sagen, dafs die Hauskommunion als eine urgeschichtliche Erscheinung bei vielen Völkern angesehen werden mufs, zu der mit den ersten Anfängen der Bodenkultur Gruppen von blutsverwandten Personen zu einer Rechtsgemeinschaft zusammenwuchsen unter einem Familienhaupt mit gemeinsamem Haushalt und gemeinsamem Vermögen.

Die Hauskommunion ist nichts Künstliches und der Volksnatur Widersprechendes, das nur dem äufseren Zwange sein Dasein verdankt, wie Peisker behauptet, sie ist ebensowenig etwas nur Zufälliges und Temporäres, wie uns Hildebrandt glauben machen will, und endlich erst recht nicht eine Mittelstufe zwischen einem Agrarkommunismus der Urzeit und dem Individualeigentume der Gegenwart, was wir als Laveleyes Theorie kennen lernen; sie ist vielmehr etwas ganz Natürliches für das Ackerbauvolk, vollends dann, wenn die Naturalwirtschaft noch nicht überwunden ist.

[1] L. Brentano, Erbrechtspolitik (Gesammelte Aufsätze), S. 144.
[2] E. Huber, Betrachtungen über die Vereinheitlichung des schweizerischen Erbrechtes, 1895, S. 37.

Dritter Abschnitt.
Die rechtlichen Verhältnisse der Hauskommunion.

1. Unterschied der Hauskommunion von der Einzelfamilie und die Bedeutung dieses Unterschieds.

Es ist naturgemäfs, dafs eine rechtliche Trennung zwischen bäuerlichen Einzelfamilien und Hauskommunion mit grofsen Schwierigkeiten verknüpft ist, Schwierigkeiten, denen auch der serbische Gesetzgeber kaum genügend gerecht geworden ist. Dabei ist allerdings wohl im Auge zu behalten, dafs die gesetzliche Regelung der heutigen Hauptkommunion ganz besonders schwierig ist, weil bei der schnell fortschreitenden Entwicklung der serbischen Volkswirtschaft der Übergang der Hauskommunionen in Einzelfamilien viel schneller von statten geht als früher. Das serbische Gesetz regelt die Hauskommunion und die Einzelfamilie grundsätzlich durchaus verschieden. Dies tritt besonders klar hervor hinsichtlich der rechtlichen Behandlung der Haussöhne. Der § 517 des serbischen Gesetzbuchs bestimmt, dafs die in der Hauskommunion lebenden Kinder männlichen Geschlechts nach vollendetem 15. Lebensjahre gleichen Anteil mit den übrigen grofsjährigen und verheirateten Kommunionsmitgliedern an dem gesamten Ertrage und Zuwachs des Vermögens erlangen.

Dagegen ist für die Einzelfamilie, d. i. die Familie, in der nur Vater, Mutter und ihre Kinder leben, der § 121 mafsgebend: „Alles, was Kinder unter elterlicher Gewalt oder unter ihrer Verwaltung erwerben, erwerben sie ihren Eltern."

Zu welchen Konsequenzen der von dem Gesetzgeber geschaffene strikte Gegensatz zwischen bäuerlicher Einzelfamilie und Hauskommunion führt, möge durch einige praktische Beispiele illustriert werden:

Es ist eine Tatsache, daſs z. B. eine Einzelfamilie in Serbien besteht, bei der der Vater 100 Jahre, der älteste Sohn 70 und der jüngste 60 Jahre alt ist. Die Söhne haben mit dem Vater das Vermögen gemeinsam verwaltet und erworben, daher wird denn auch diese „Einzelfamilie" vom Volke ganz selbstverständlich als Hauskommunion bezeichnet, und doch ist es dem Vater nach § 121 ermöglicht, dieselben zu jeder Zeit von dem Hause zu vertreiben. In Wirklichkeit haben auch die obersten Gerichte in Serbien wiederholt in diesem Sinne entschieden. Unter anderen auch in einem Falle, wo mit dem Vater sechs Söhne zusammen lebten, von denen der älteste 43 und der jüngste 22 Jahre alt war. Alle hatten mit dem Vater zusammen für das ihrer Ansicht nach gemeinschaftliche Vermögen erworben, muſsten aber jetzt auf Befehl des Vaters das Haus ohne Entschädigung verlassen.

Man lieſs sich bei diesem Urteile von ähnlichen Erwägungen leiten, wie sie bereits in einem Urteile vom Jahre 1886 seitens des Appellationshofes näher dargestellt wurden: „Zwischen Vater und Söhnen besteht kein hauskommunistisches Verhältnis, weil die dritte Bedingung fehle, welche nach §§ 57 und 507 verlangt werde, neben Verwandtschaft und gemeinsamem Leben auch **gemeinsames Eigentum**."

Die Folge derartiger gesetzlicher Anordnungen ist selbstverständlich die, daſs nach dem Inkrafttreten des hier in Frage stehenden Gesetzes angesichts der offenbaren Härten, die es für die in Hauskommunion lebenden Einzelfamilien im Gefolge hatte, den Söhnen ein berechtigter Anlaſs gegeben ist, daſs dieselben nach erlangter Groſsjährigkeit nicht beim Vater bleiben, mit anderen Worten, die Einzelfamilie ist heute auch schon aus diesem Grunde weniger häufig Embryo einer Hauskommunion als früher.

Lassen wir es hier noch dahingestellt sein, ob und inwieweit eine Konservierung der Hauskommunion wünschenswert

— 64 —

ist, jedenfalls entspricht es nur der Gerechtigkeit, dafs zu dem § 121 des serbischen BGB. ein Zusatz tritt, der bestimmt, dafs diejenigen Kinder, welche nach der Grofsjährigkeit mit dem Vater gemeinsam arbeiten und für den gemeinsamen Haushalt erwerben, mit dem Vater in „Errungenschaftsgemeinschaft" leben.

Man geht freilich auf der anderen Seite etwas zu weit, wenn man behauptet, wie dies Bogischić[1] tut, es bestehe kein Unterschied zwischen **bäuerlicher Einzelfamilie** und **Hauskommunion**, überhaupt sei die bäuerliche Einzelfamilie deren Vorgängerin, und wie in jener seien dieselben Bedürfnisse nach rechtlichen Normen vorhanden. Diese Ansicht über die bäuerliche Einzelfamilie steht nicht in Einklang mit der serbischen Gesetzgebung, die in ihren Normen die bäuerliche Einzelfamilie **der städtischen** Familie gleichstellt.

Richtig ist dagegen die Unterscheidung, welche Bogischić hinsichtlich der Hauskommunion und der städtischen Familie macht. Er hebt folgende Unterschiede hervor:

In der städtischen Familie.	In der Hauskommunion.
1. Der Vater verfügt wie in der römischen Familie unumschränkt über das ganze Eigentum. Er braucht dazu nicht die Zustimmung irgend welcher Familienangehöriger.	1. Der Hausvater hat kein Verfügungsrecht über das Hauseigentum ohne Zustimmung der volljährigen Mitglieder.
2. Zu Lebzeiten wie von Todes wegen kann der Vater willkürlich mit dem Eigentum schalten	2. Weder zu Lebzeiten noch testamentarisch kann der Hausvater ohne Zustimmung der Mitglieder

---

[1] W. Bogischić in seinem Buch De la forme . . . (serb. Übersetzung S. 14) unterscheidet bei Serben vier Arten von Familien, nämlich
1. die Hauskommunion,
2. die bäuerliche Einzelfamilie,
3. die städtische Familie, die in ihren Hauptzügen den Familien aller europäischen Städte ähnlich ist, und
4. die mohammedanische Familie, die als eine besondere Gruppe betrachtet werden mufs, weil das religiöse Moment sehr wesentliche Modifikationen in ihr hervorgebracht hat. Die Polygamie spielt dabei eine Hauptrolle.

und walten, ausgenommen, wenn positives Recht etwas zu Gunsten der Kinder festlegt.

3. Der Familienvater bleibt Oberhaupt der Familie auch im Falle der Altersschwäche. Er kann ohne seinen Willen der Leitung nicht enthoben werden, und sein Nachfolger bei Lebzeiten handelt immer in seinem Namen.

4. Der Familienvater kann wegen seiner freien Verfügungsmacht noch zu Lebzeiten unter seinen Kindern Vermögen verteilen, ein Recht, die Teilung zu verlangen, steht keinem zu.

5. In der Regel wird das Vermögen nach des Vaters Tode geteilt. Der Tod des Vaters führt die Auflösung der Familie herbei.

über das gemeinsame Eigentum verfügen.

3. Der Hausvater kann in Ansehung seines Alters abgesetzt werden nach dem Gutdünken der Mitglieder.

4. Jedes männliche und volljährige Mitglied kann nach Gewohnheitsrecht die Aussonderung des ihm gebührenden Anteils nach seinem Belieben fordern.

5. Nach dem Tode des Hausvaters tritt an seine Stelle ein anderer. Der Personenwechsel läfst die Funktion der Hauskommunion unberührt[1].

Hier drängt sich die Frage auf, ob die bäuerliche Einzelfamilie in ihren Hauptzügen der städtischen Familie oder der Hauskommunion näher steht.

Zum Beweise, dafs die bäuerliche Einzelfamilie und die Hauskommunion wesensgleich sind, macht Bogischić über die Einzelfamilie in Montenegro aus eigener Anschauung folgende Angaben:

1. Der Vater, der mit seinen grofsjährigen Söhnen in einem Hause wohnt, hat kein Verfügungsrecht über das Gut der Familie ohne deren Zustimmung.

2. In der Einzelfamilie kann der Vater, insofern er nicht abgeteilt hat, auch nicht mortis causa über das Familiengut ohne seiner Söhne Einwilligung bestimmen.

3. In einer solchen Familie ist der Vater gewöhnlich das Oberhaupt, aber in wichtigeren Angelegenheiten braucht er immer die Zustimmung seiner Söhne. Auch kann der Vater,

---

[1] Bogischić a. a. O. S. 17. 18.

falls er aus irgend welchen Gründen amtsunfähig wird, durch gütliches Abkommen zur Amtsniederlegung veranlafst werden.

4. Volljährige und vor allem verheiratete Söhne können auch zu Lebzeiten ihres Vaters auf Vermögensteilung dringen. Von Wichtigkeit ist dabei die Tatsache, dafs bei der Teilung der Vater den gleichen Anteil wie seine Söhne bekommt.

5. Nach des Vaters Ableben verläuft es in der Familie ganz so, wie in der Hauskommunion. Alles bleibt auf dem status quo, nur mit dem Unterschied, dafs Brüder zwar im allgemeinen in der Gemeinschaft bleiben, aber auch zu Vaters Lebzeiten austreten können. Nach des Vaters Tode findet nur die Veränderung statt, dafs ein anderer an seine Stelle als Oberhaupt tritt, falls der Vater bis zu seinem Sterbetag die Stellung als Oberhaupt noch inne gehabt hat[1].

Aus obigem erhellt, dafs zwischen der bäuerlichen Einzelfamilie und der Hauskommunion nur ein quantitativer Unterschied besteht, während die vermögensrechtlichen Beziehungen im Grunde sich vollkommen gleichen. Diese Tatsache ergibt sich auch aus Beispielen aus früherer Zeit in Serbien[2].

Und demnach kann die Behauptung, dafs die bäuerliche Einzelfamilie und Hauskommunion dasselbe ist, richtig sein, aber nur auf die Verhältnisse, wie sie vor einer Reihe von Jahrzehnten lagen, heute trifft sie manchmal gewifs auch zu; so allgemein ausgesprochen ist sie jedoch unrichtig.

Aber wäre diese ganze Frage im Sinne von Bogischić gelöst, d. h. gälten dieselben gesetzlichen Bestimmungen für die bäuerliche Einzelfamilie wie für die Hauskommunion, so würde sich die wichtige Frage aufdrängen, ob mit dieser Lösung der Weg zur Erhaltung der Hauskommunion uns gewiesen ist. Die Aufgabe der Lösung liegt jedenfalls Bogischićs Abhandlung als leitender Gedanke vor. Doch sieht man auf den ersten Blick, dafs Bogischićs Ansicht nur noch mehr Anstofs gäbe zum Verschwinden der grofsen Familien. Denn der Umstand, dafs dem Sohne das Recht zusteht, jederzeit die Teilung des

---

[1] Bogischić a. a. O. S. 35. 36.
[2] M. Milićević, Die Hauskommunion auf dem Lande, S. 13. 15.

Vermögens zu verlangen, und dafs er den gleichen Anteil wie der Vater bekommt, heifst unter heutigen Verhältnissen der Auflösung noch weiter Tür und Tor öffnen, als es der serbische Gesetzgeber bereits getan hat mit seinen Bestimmungen über die Hauskommunion.

2. Rechtsverhältnisse unter Lebenden.

In alten Zeiten war in der Hauskommunion der Grund und Boden und das ganze Inventar unveräufserliches Familiengut. Die Mitglieder wurden nur als vorübergehende Nutzniefser des hauskommunistischen Vermögens betrachtet. Eigentum konnte ein Mitglied nicht veräufsern, weil er von keinem Teile des Vermögens sagen konnte, dafs es ihm persönlich gehöre. Hier ist es am Platze, zu konstatieren, dafs in dieser Hinsicht in der schweizerischen Gemeinderschaft gleiche Vermögensverhältnisse wie in der südslavischen Hauskommunion herrschen. Hier wie dort gibt es keine selbständigen Quoten, wohl aber Anwartschaftsquoten, Anteile, die aber bis zur Teilung latent sind. Darüber sagt das zürichsche Privatrecht in § 560:

„Das Eigentum an dem gemeinen Gute wird, solange die Gemeinderschaft dauert, nicht in Teile zerlegt und ohne Unterscheidung ideeller Teile gemeinsam von den Gemeindern ausgeübt."

Huber knüpft daran folgende Bemerkung:

„Wie die Erben auch keine Quotenanteile haben zu Lebzeiten dessen, den sie beerben, obwohl man jetzt schon ihre Quoten bei anfälliger Erbschaft berechnen kann, so sind die Anwartschaftsrechte der Gemeinder noch latent in ganz gleicher Weise, denn die Gemeinderschaft ist meist nur eine aufgeschobene Teilung mit Liquidation ex tunc. Die einheitliche Rechtspersönlichkeit des Erblassers wird gewissermafsen als dauernde Einheit von den Gemeindern fortgesetzt.

Juristisch von grofser Bedeutung ist aber das — und das bezeichnet den fundamentalen Gegensatz zur römischen communio —, dafs, weil die Quote vor der Teilung noch gar nicht existiert, sie auch gar kein Rechtssubjekt ist, über das der Gemeinder verfügen könnte[1]."

Mufste eine Hauskommunion etwa wegen ihres zu grofsen Umfanges geteilt werden, so entstand noch keineswegs Privateigentum, vielmehr wurden die Teile sofort wieder neue Hauskommunionen oder wenigstens Grundstöcke zu solchen. Das Prinzip der Unveräufserlichkeit des Familienvermögens bleibt auch bei der Teilung bestehen. — Soweit wir schriftliche Angaben mittelalterlichen Rechtes haben, können wir zwei Kategorien des Vermögens hinsichtlich des freien Verfügungsrechtes unterscheiden:

1. Erworbenes Gut, d. i. persönliche Erwerbung, über welche der Eigentümer nach seinem Belieben verfügen konnte. Dieser Fall kommt weit häufiger in der Einzelfamilie als in der Hauskommunion vor.
2. Ererbtes Gut, d. i. vererbtes Gut, das von einer Generation zur anderen in der Familie als Stammgut bleibt[2].

Noch heute kommt das Rechtsgefühl dieser Unterscheidung zum Durchbruch. Sehr häufig nämlich hält man im Prozefs zwischen Vater und seinen Söhnen dem Vater vor, er habe doch kein unbeschränktes Verfügungsrecht über das Vermögen, das er selber nicht erworben, sondern von den Eltern überkommen hat[3]. Auch in Montenegro hat nach Bogischićs Ausführungen über die vermögensrechtlichen Verhältnisse in der Einzelfamilie der Vater kein Verfügungsrecht über das Familiengut. Dazu sagt Dučić: „Was dem Vater der Grofsvater hinterlassen, teilen nach des Vaters Tode die Söhne gleichmäfsig, und nur über die persönliche Erwerbung hat der Vater in einer letztwilligen Verfügung ein Bestimmungsrecht[4]."

In jüngerer Zeit, seit Anfang des vorigen Jahrhunderts, hat sich dieses jedoch sehr geändert. Das kommt zum Teil

---

[1] Max Huber, Die Gemeinderschaften der Schweiz, S. 44.
[2] A. Jovanović, Das Erbrecht bei den alten Serben, S. 3.
[3] A. Jovanović a. a. O. S. 4 und in seinem Buche „Die historische Entwicklung des serbischen Hausrechts", S. 86.
[4] Dučić, Rechtssitten bei Slaven, S. 43.

daher, weil nach dem Aufhören des leichten und fast unbeschränkten Landerwerbes der Grund und Boden im Werte gestiegen ist, zumal mit gleichzeitiger Zunahme der Rechtssicherheit und der Bevölkerung. Eine Folge der Verminderung des herrenlosen Landes und der Werterhöhung des Bodens war das Bestreben, Privateigentum am Grund und Boden für sich zu erwerben, ein Bestreben, dem, wie wir wissen, auch die Gesetzgebung in den meisten Fällen entgegenkam. Der serbische Gesetzgeber von 1844 wufste in der Frage der Regelung der hausgemeinschaftlichen Verhältnisse sich nicht recht zu entschliefsen, ob er die Unveräufserlichkeit des Familiengutes und die vermögensrechtlichen Verhältnisse der alten Hauskommunion beibehalten oder ob er der neuen Entwicklung freie Bahn schaffen sollte. Wie wir an manchen Bestimmungen beobachten können, wollte er den Mittelweg einschlagen und bei diesem Versuch hat er für die Erhaltung der Hauskommunion sehr wenig übrig gehabt. Die moderne Hauskommunion in Serbien stützt sich nicht sowohl auf gemeinsames Eigentum, als vielmehr auf gemeinsame Bewirtschaftung. Im Gegensatz zu früherer Zeit konnt man heute Anteile und macht von dem Rechte auf Teilung dann Gebrauch, wenn die gemeinsame Bewirtschaftung irgend einem Mitgliede nicht mehr rentabel erscheint.

Schulden machen kann ein Hauskommunionsmitglied auf seinen Teil; und der Gläubiger, der einem solchen ohne Wissen der Hauskommunion Geld leiht, kann nur aus dem persönlichen Anteile des Schuldners befriedigt werden (§ 515). Dieser Umstand arbeitet natürlich ebenfalls auf die Auflösung der Hauskommunionen hin, wie auch die allgemeine Bestimmung des Gesetzes im § 522 nach unserer Meinung besonders deutlich davon zeugt, wie wenig günstig die serbische Gesetzgebung dem gemeinsamen Familieneigentum gesinnt war.

Ich lasse daher den in Frage stehenden Paragraphen wörtlich folgen:

„Alles dasjenige, was jemandem in der Hauskommunion gehört, sei es Hauptvermögen, Zuwachs, Erneuerung oder Erwerbung, wird als ein persönliches Eigentum (sobstwenost) betrachtet, nach welchem das Verfügungsrecht über dasselbe gegenüber allen anderen in der Kommunion lebenden gesetzlichen Erben bestimmt und begrenzt wird."

Dieser Paragraph läfst auch ohne weiteres vermuten, in welchem Geiste das moderne serbische bäuerliche Erbrecht gehalten ist.

3. Erbrecht.
a) Im allgemeinen.

Bezüglich des altserbischen Erbrechtes können wir nicht über viele Angaben verfügen. Im Gesetzbuch des Kaisers Duschan stehen nur zwei Paragraphen (100 und 101), aus denen wir aber kein Erbrechtssystem konstruieren können, weil beide ausschliefslich von dem Erbrecht der Adligen handeln. Diese Lücken in der mittelalterlichen Gesetzgebung kann man nur auf die Weise erklären, dafs in dieser Hinsicht das Gewohnheitsrecht so mächtig und unzweideutig war, dafs besondere Bestimmungen als unnötig erachtet wurden. Die Natur des gemeinsamen Familieneigentums hat übrigens selbst das Erbrecht festgelegt. Gerade das Erbrecht ist die wichtigste Erscheinungsform des Begriffs Hausvermögen.

Die alte Hauskommunion erschien als der Universalerbe oder, um mit den Worten des serbischen BGB. § 516 zu reden, „es ändert der Tod des Hausvaters oder irgend eines Kommunionsmitgliedes nichts an dem Zustande und den Beziehungen der Kommunion und der Gütergemeinschaft, sondern es bleibt alles beim alten".

Dieser Paragraph, der völlig dem alten Geiste der Hauskommunion entspricht, wird aber durch andere Bestimmungen desselben Gesetzes durchaus paralysiert. — Die Frage des Erbrechts an Immobilien in der Hauskommunion wurde nach altserbischem Gesetze nur dann praktisch, wenn die ganze Hauskommunion ausgestorben war. Doch kam dieser Fall sehr selten vor, denn wenn im Hause männliche Nachkommenschaft fehlte, wurde ein Erbtochtermann ins Haus genommen, und zwar erbte die Tochter das ganze Familiengut[1]. Fehlten im Hause männ-

---

[1] Im Gesetzbuch Danilos I. (Montenegro) vom Jahre 1855 sagt

liche und weibliche Nachkommen, so haben wir nicht mehr die Verhältnisse der Hauskommunion, sondern die der Einzelfamilie vor uns, und es regelt sich der Erbgang nach dem Rechte der letzteren, d. h. das Erbe fällt an den nächsten Verwandten oder, fehlen solche, an den Fiskus[1]. — In der Hauskommunion ist nach heutigem serbischen Erbrechte persönlich freie Verfügung zulässig, denn, wie bereits erwähnt, hat der Gesetzgeber die Anteile als privatrechtliches Eigentum eingeführt. Daraus erklärt sich, dafs er nach § 521 die erbrechtlichen Bestimmungen mit diesen Worten ausgedrückt hat:

„Jeder in der Kommunion Lebende und die nötigen persönlichen Eigenschaften Besitzende kann über seinen Anteil bis zur Höhe seines Wertes verfügen. Hat jemand solchergestalt verfügt, so ist das Inventar aufzunehmen, damit der Anteil des Verstorbenen ausgeschieden wird, falls dieses bei seinen Lebzeiten nicht geschah und nicht bezeichnet wurde."

Dieser Gedanke ist noch schärfer ausgedrückt im § 527, wo es heifst:

„In Fällen der hauskommunistischen Erbfolge und Teilung ist nach den allgemeinen Bestimmungen über die Erbfolge und Teilung vorzugehen."

In diesen allgemeinen erbrechtlichen Bestimmungen regelt sich alles so wie im code civil, nur mit der Ausnahme, dafs die Söhne des Erblassers ihre Schwester resp. die Tochter ausschliefsen.

Die Frage der Erbfolge seitens der weiblichen Nachkommen in der Hauskommunion im Falle, dafs männliche fehlen, hat § 529 folgendermafsen gelöst. Er lautet:

„Die in der Hauskommunion zurückgebliebenen Mädchen hat die Hauskommunion zu erhalten und seiner Zeit angemessen zu verheiraten."

---

§ 55: Wenn ein Mädchen allein ohne männliche Kinder, d. i. ohne Brüder, im Hause hinterbleibt, dann erbt sie das ganze bewegliche und unbewegliche Vermögen ihres Vaters.

[1] In demselben Gesetzbuch Danilos bestimmt § 57: Wird das Haus leer, dann erbt die nächste Verwandtschaft; wäre auch keine Verwandtschaft da, dann fällt alles dem Volksvermögen zu.

Dieser Paragraph steht mit der Tendenz der alten Hauskommunion völlig im Einklang, in welcher die weiblichen Personen eine mehr untergeordnete Rolle spielen oder nach dem Volksmunde „fremdes Blut und fremdes Haus" sind. Der Gesetzgeber wollte damit erzielen, daſs im Falle des Mangels an männlichen Nachkommen des Erblassers die ganze Hauskommunion erbt. Aber nur bis zum Jahre 1859 ist der Paragraph in dieser Bedeutung in Kraft gewesen, seit der Zeit gilt eine neue Auslegung zu Gunsten des weiblichen Geschlechts, wonach auch in der Hauskommunion die Töchter erben, wenn keine Brüder vorhanden sind. Allerdings wird dieser Anteil in Geld ausgekehrt. Für das Schicksal der Hauskommunion war diese Auslegung von groſser Bedeutung. Von der Zeit ab hat ein serbischer Jurist den entschiedenen Rückgang in der Hauskommunion datiert[1]. Die Entscheidung der Skupschtina (serbisches Parlament) von 1859 betreffend die neue Gesetzesauslegung lautet:

„Die Skupschtina beschlieſst, daſs die Bestimmung in unserem B.G.B., nach welcher in der Hauskommunion weibliche Kinder, falls männliche fehlen, ihren Vater nicht beerben können, als ungerecht beseitigt wird. Zukünftig soll die gesetzliche Regel so sein, daſs in diesen Fällen die weiblichen Kinder den Anteil des Vaters erben, daſs aber dieser Anteil nicht in natura, sondern nach Schätzung in Geld ausgekehrt wird."

Mit dieser Gesetzesauslegung ist auch die Frage aufgeworfen worden, ob denn weibliche Personen Hauskommunionsmitglieder sein können? Es wird von Interesse sein, ein Beispiel aus der serbischen Gerichtspraxis, diese Frage betreffend, wo die Gründe für und wider erwogen werden, kennen zu lernen[2].

Der Appellationshof hat ein Urteil dahin gefällt, daſs die Mädchen als Mitglieder der Hauskommunion anzusehen sind, aber der Kassationshof wies in seinem Beschlusse darauf hin,

---

[1] A. Jovanović a. a. O. S. 31.
[2] In der „Serbischen Zeitung" von 1871 mitgeteilt. Vgl. A. Jovanović a. a. O. S. 73 ff.

dafs im B.G.B. bei der Hauskommunion immer nur von Männern, männlichen Nachkommen, nie aber von Frauenspersonen die Rede wäre. Naturgemäfs hat ja auch die Hauskommunion die Tendenz, dafs ihre Mitglieder auch weiterhin in der Gemeinschaft bleiben. Das kann aber bei weiblichen Personen nicht sein, weil sie durch Heirat nacheinander die Hauskommunion verlassen, wodurch der Zweck der Institution verfehlt würde.

Auf diese Bemerkungen des Kassationshofes hat der Appellationshof folgende Gegenbegründungen gemacht:

„Man kann nicht leugnen, dafs die Normen des B.G.B. nur männliche Personen erwähnen, und daraus kann man schliefsen, dafs der Gesetzgeber darauf bedacht war, dafs sich nur männliche Personen zu einer Kommunion zusammenschliefsen könnten. Darüber steht aber im Gesetze nichts. Aber man folgerte dieses aus § 529, nach welchem die Mädchen in der Hauskommunion das Recht auf Unterhaltung und Verheiratung, nicht auch auf die väterliche Erbschaft haben. Nach der neuen Auslegung (vom Jahre 1859) werden also jetzt die Mädchen als Erben eingesetzt, wenn die männliche Nachkommenschaft fehlt. Heute kann demnach der Beschlufs des Kassationshofes bei der herrschenden Gleichstellung beider Geschlechter in diesem Punkte nicht aufrecht erhalten werden."

Die allgemeine Sitzung des Kassationshofes bestätigte im wesentlichen das Urteil seiner I. Abteilung.

Aus den vorstehenden Erörterungen geht hervor, wie die ganze gesetzgeberische Auslegung, die in der Absicht erfolgt ist, auch den weiblichen Personen ein Erbrecht in der Hauskommunion zu verleihen, nicht in Einklang mit anderen Normen steht, denn nach dem letzten, allgemein bindenden Beschlusse des Kassationshofes sind nur männliche Personen Mitglieder einer Hauskommunion.

Blofs in drei Fällen hat die serbische Gesetzgebung der Hauskommunion das Vorrecht der Einheit gelassen:
1. Das in der Hauskommunion verstorbene Kind wird nicht von der Mutter, sondern von der Hauskommunion beerbt.
2. Die Verwandtschaft innerhalb der Zadrůga hat in der

Regel den Vorzug vor der aufserhalb stehenden, wenn auch der Grad der letzteren ein näherer sein sollte.
3. Selbst in die Zadruga aufgenommene Freunde schliefsen die Blutsverwandten aufserhalb der Hauskommunion aus.

b) Teilung insbesondere.

Ein Recht auf Teilung in der Hauskommunion kommt jedem vollberechtigten Mitgliede kraft Gesetzes, früher gewohnheitsrechtlich zu. Eine Teilung fand in früheren Zeiten wegen allzu grofser Zunahme des Umfanges einer Hauskommunion als eine natürliche Folge statt; sie zielte auf Vereinfachung und leichtere Durchführung der landwirtschaftlichen Arbeiten ab. Neben dem bewahrte die Hauskommunion den Charakter eines engeren Familienverbandes, und schlofs so eine Verzweigung von entfernterer Verwandtschaft aus. Diese Eigenschaft tritt insofern bei der Teilung hervor, dafs der Tod des Hausvaters oder des Vaters, wenn die Hauskommunion nur zwischen ihm und seinen Söhnen bestanden hat, gewöhnlich Anlafs zur Teilung wird, im Gegensatz zu den kleinen Hauskommunionen, wo trotz des Todes des Vaters alles beim alten bleibt.

Die Teilung in eine Hauskommunion kann eine partielle und eine vollständige sein. Eine partielle Teilung wird beim Austritt von einem oder mehreren Mitgliedern vorgenommen, wobei die anderen in der Gemeinschaft bis auf weiteres verbleiben. Eine vollständige ist es, wenn alle Hauptmitglieder in besondere Häuser sich scheiden. Dabei entstehen häufig gruppenweise Absonderungen. Jeder hat ja in der Hauskommunion wohl einen, mit dem er besser zurecht kommt, und darum bleiben solche weiterhin zusammen. Auch geht wohl bei völliger Teilung die ganze Hauskommunion auseinander und vereinigen sich frühere Mitglieder derselben nach gewisser Zeit wieder.

Die Teilung der Hauskommunion findet statt:
1. nach Gliedern, in stipites, d. h. auf Grund der Verhältnisse bei der Entstehung der Hauskommunion oder

2. nach der Anzahl der Köpfe, in capita, d. h. nach dem Zustande, der in der Hauskommunion bei der vorzunehmenden Teilung gerade ist.

In der serbischen Hauskommunion wird in der Regel nach Gliedern geteilt[1], obwohl der zweite Modus mehr der Natur des Gesamteigentums entspricht. Huber stellt die erste Art der Teilung auch bei den Gemeinderschaften in der Schweiz fest. Allerdings ist in Serbien dieses Prinzip nicht in allen seinen Konsequenzen durchgeführt, partizipieren doch diejenigen Mitglieder, welche kein Recht auf Anteil am Stammgute haben, an der Teilung des Vermögens, welches in der Zeit, seitdem sie in der Hauskommunion mitarbeiten können, erworben wurde. Es ist nämlich im serbischen B.G.B. durchgeführt, dafs (§ 517) die Kinder männlichen Geschlechtes nach vollendetem 15. Jahre gleichen Anteil wie die übrigen Grofsjährigen und verheirateten Mitglieder an dem gesamten Ertrage und Zuwachse des Hausvermögens geniefsen.

Die Teilung wird in der Hauskommunion auf Grund einer Verständigung unter den Beteiligten oder durch ein Schiedsgericht, „vor guten Menschen", wie es im Volksmunde heifst, geregelt. Brüder bekommen gleiche Teile, dem Jüngsten bleibt gewöhnlich nach altem Brauche das väterliche Haus. Diese letztere Mafsnahme finden wir u. a. in vielen kleinrussischen Gegenden. Dasselbe berichtet auch L. Brentano[2] von der alten englischen Hausgemeinschaft. Der Unverheiratete erhält als Zugabe so viel wie die Verheirateten bei ihrer Verehelichung bekommen haben. Auch wird dem ältesten Bruder im Hinblick auf die ihm durch das Alter gegebene Würde noch etwas dazu

---

[1] Auf einen Fragebogen (139) Bogischić's antwortet Vuk Vrčević: Es wird immer in stipites und nicht in capita geteilt; so viele Söhne als der Vater hat, verheiratete oder ledige, in so viele gleiche Teile wird das sämtliche Vermögen geteilt, mit Ausnahme der noch nicht verbrauchten Feldfrucht, Speise und Trank (vgl. Peisker a. a. O. S. 311).

[2] L. Brentano, Gesammelte Aufsätze, S. 180 (Erbrecht und Bauernstand in England).

gegeben, so z. B. in Montenegro die väterlichen Waffen, in einzelnen Gegenden Serbiens das Pferd mit dem Geschirr[1].

Meistens übernimmt der Älteste die Leitung der Aufteilung, doch läfst er nicht selten bei Uneinigkeit den anderen die Wahl und gibt sich selbst mit dem schlechtesten Teile zufrieden. Dann pflegen die Miterben dem Leiter der Teilung wohl als Entschädigung einen Teil ihrer Erbschaft zu überweisen[2].

Wird keine Verständigung über die Teilung erzielt, so wählt man ein Schiedsgericht, welches nach bestem Wissen und Gewissen entscheidet. Ein solches ist auch im modernen Rechte ausdrücklich vorgesehen. § 863 B.G.B. lautet nämlich: „Bei Streitfragen können sich die Parteien über die Wahl eines Schiedsgerichtes einigen."

Das Schiedsgericht teilt aber manchmal gar nicht selber, sondern gibt nur eine Anweisung. Im allgemeinen ist diese Einrichtung beim serbischen Volke nicht gerade beliebt, weil den Schiedsleuten nach den gesetzlichen Bestimmungen (§ 440 C.P.O.) Diäten (etwa ein Taler pro Tag) nebst Ersetzung der Unkosten zustehen, wodurch das Schiedsgericht bei längeren Verhandlungen recht kostspielig werden kann.

Bemerkt sei, was ja übrigens auch selbstverständlich ist, dafs die angeführten Regeln, die beim Tode des Erblassers für die Teilung mafsgebend sind, vorkommenden Falles auch für die Teilung unter Lebenden zur Anwendung zu bringen sind.

4. Gesamturteil über die rechtliche Behandlung der Zadruga.

Betrachten wir alle gesetzlichen Bestimmungen, welche die Rechtsverhältnisse der serbischen Hauskommunion regeln, so sehen wir ganz deutlich, dafs der Gesetzgeber in seinen wesentlichen Bestimmungen der Hauskommunion eine Stellung von nur formeller, nicht materieller Bedeutung eingeräumt hat. Zur Zeit der Gesetzgebung war die Hauskommunion noch so

---

[1] A. Jovanović a. a. O. S. 126.
[2] A. Jovanović a. a. O. S. 127.

in Fleisch und Blut übergegangen, dafs sie nicht übersehen werden durfte. Aber das Gesetz wollte für sie keine sie begünstigenden vermögensrechtlichen Bestimmungen festlegen. Darum war es offenbar Absicht, auch in der Hauskommunion das Recht der freien Verfügung einzuführen, ohne Bedacht darauf zu nehmen, dafs die Natur des hausgemeinschaftlichen Eigentums eine andere war, als die des Privateigentums. Es scheint danach, dafs die Hauskommunion in jener Zeit als ein Hemmnis für die freie Volksentwicklung empfunden wurde, und dafs man darum diese Bestimmungen traf. Die Abneigung sieht man am besten daraus, dafs etwas später diejenigen Paragraphen, welche nach der ersten Redaktion des Gesetzes zu Gunsten der Hauskommunion und ihrer Einrichtung sprachen, später durch legislatorische Auslegung zum Schaden derselben umgeändert wurden. Diesen Vorgang haben wir beim § 529 bereits kennen gelernt. Dasselbe lehrt uns § 511. Dieser Paragraph war zuerst so gefafst, dafs jedes zur Hauskommunion gehörige, aber zeitlich abwesende Mitglied selbsterworbenes Gut als sein Eigentum behält, aber auf seinen Anteil in der Hauskommunion Verzicht leisten mufs. Nach der Revision bedeutet es, dafs im genannten Falle ein Mitglied nicht auf den ganzen Vermögensanteil verzichten mufs, sondern nur auf den bestimmten Anteil am Zuwachs in der Hauskommunion.

Der Fehler des serbischen Gesetzgebers, der darin besteht, dafs er die Hauskommunion nicht als einen politisch-ökonomischen Faktor gelten lassen wollte, besonders aber, dafs er das Erbrecht, durch welches die Gesetzgebung und Verwaltung am stärksten auf die Eigentumsverteilung einwirken kann, nicht einigermafsen auf Grund der Gemeinschaft geregelt hat, macht sich jetzt in Serbien in so hohem Grade fühlbar, dafs man ernstlich an eine Neugestaltung der Sachlage denken mufs, um der mehr und mehr um sich greifenden Grundeigentumszersplitterung und der Proletarisierung der ländlichen Bevölkerung, die das Gesetz zur Folge gehabt hat, zu steuern. Denn die Intensivität des Ackerbaus konnte mit der Beschleunigung dieses Prozesses nicht Schritt halten. Wenn allerdings die Landwirtschaft in Serbien heute noch blühend zu nennen ist, so findet das seinen Grund in der ungewöhnlichen Fruchtbarkeit des Bodens und in anderen natürlichen Verhältnissen. Wir sind auch überzeugt, dafs die historisch-ökonomistische Entwicklung es mit sich bringt, dafs die alte Familiengemeinschaft der Privatwirtschaft und dem Privateigentum weichen mufs, und dafs diesem Vorgange kein Gesetz entgegenwirken kann. Aber, was man vermag, jedoch nie in Serbien ins Auge gefafst hat, das ist wenigstens der Versuch, der beschleunigten Entwicklung etwas Einhalt zu tun.

Es ist zwar vor dreifsig Jahren in Serbien ein Gesetz erlassen worden, nach welchem es verboten ist, dem Bauer für Privatschulden so viel von seinem Grundbesitz zu veräufsern, dafs der Rest seines Areals weniger als 2,8 ha beträgt, ebensowenig ist es gestattet, sein Haus und seinen Hof, eine bestimmte Anzahl Vieh und die nötigen landwirtschaftlichen Geräte zu verkaufen. Hat dieses Gesetz auch sehr viel Gutes gestiftet, so haben sich diese Mafsnahmen trotzdem als ungenügend für die gesunde Bodenverteilung erwiesen.

Es ist heutigentags wirklich sehr schwer, auch mit dem besten Willen, etwas zu Gunsten der alten Hauskommunion zu tun. Einerseits hat die ökonomische Entwicklung mit der Geldwirtschaft, andererseits die mehr als fünfzigjährige Herrschaft des heutigen B.G.B. mit der Tendenz des individualistischen Eigentums selbst im Volke das rechtliche Verständnis für die ältere Hauskommunion fast zum Schwinden gebracht. Doch sollte man, wenn auch die rechtlichen Verhältnisse der Hauskommunion und der bäuerlichen Familie im allgemeinen nicht mehr als Grundlage des alten hauskommunistischen Prinzips beibehalten werden können, doch so viel durch erbrechtliche Bestimmungen zum Besten der Hausgemeinschaft tun, wie z. B. in Deutschland für die Erhaltung des Anerbenrechtes gewirkt worden ist. Eine Beschränkung des persönlichen Verfügungsrechtes am Grundeigentum in der Hauskommunion würde dabei unerläfslich sein[1].

---

[1] Aufmerksam möchte ich hier auf ein Gesetz machen, das 1889

L. Brentano, der ein entschiedener Gegner des Anerbenrechtes ist, redet der Realteilung das Wort, kommt aber trotzdem zu folgendem Resultate:

„Gewifs ist auch die gleiche Erbteilung allein noch nicht das unseren heutigen Verhältnissen und Anforderungen entsprechende Ideal. Was anzustreben ist, ist ihre Vervollständigung durch eine genossenschaftliche Organisation der Erben zur weiteren Fortführung des ererbten einheitlichen Betriebes, ähnlich wie ich sie bei einigen fortgeschrittenen Familien in Italien gefunden habe. Ein solcher genossenschaftlicher Betrieb auf Grundlage der Blutsverwandtschaft erhält das gleiche Recht aller Erben aufrecht, erhält der Familie und dem Bauernhofe das Betriebskapital, das jene einmal besitzt, sichert in den Familiengenossenschaften dem Betriebe die benötigten Arbeitskräfte und erneuert so in zweckmäfsiger Weise auf moderner Grundlage die alte Hausgemeinschaft[1]."
Dafs eine solche genossenschaftliche Organisation mit Beibehaltung des Rechtes auf Realteilung nicht erreicht werden kann, sieht man am besten in der serbischen Hauskommunion, wo durch das Gesetz das genannte Prinzip zum herrschenden geworden ist. Das Brentano vorschwebende Ideal können wir nicht durch gleiche Teilung verwirklichen, sondern im Gegenteil, durch das Prinzip des Anerbenrechtes, nur mit dem Unterschiede, dafs statt einer Person die Gemeinschaft auftritt.

Die Frage der vermögensrechtlichen Neuregelung ist in Serbien schon jetzt so brennend geworden, dafs auf dem ökonomischen Programm der Regierung dringende Abhilfeschaffung in dieser Sache stehen mufs. Übrigens beschweren sich auch

---

für Kroatien und Slavonien im Interesse der dortigen Hauskommunionen erlassen wurde. Es fufst auf dem Grundsatze, dafs beim Tode eines Hauskommunionsmitgliedes dessen Teil der Zadrûga zuwächst, innerhalb deren es im übrigen kein Erbrecht gibt (§ 5 d. G.). Gleichzeitig hat dieses Gesetz ein Besitzminimum eingeführt, dessen Veräufserung, Belastung und Exekution beschränkt ist. Vgl. E. Miler, Die Hauskommunion der Südslaven, S. 205.

[1] L. Brentano a. a. O. S. 143.

die Landleute selber über den augenblicklichen Zustand und rufen den Staat um gesetzliche Neuregelung an.

Interessant ist es, wie ein serbischer Bauer in seinem Vortrage auf dem V. Kongrefs der serbischen landwirtschaftlichen Genossenschaften im Jahre 1900 seine Wünsche in diesem Punkte kundgibt. Seine Verbesserungsvorschläge sind:

1. Durch ein Gesetz soll die Teilung des Grundes und Bodens für gewisse Zeit verboten und nur die Teilung der Erzeugnisse gestattet sein.
2. Brüder können nicht das Grundeigentum, wohl aber die Produkte nach Belieben teilen. Dagegen kann ihre Nachkommenschaft eine Teilung vornehmen, aber nur wenn auf jede Frau fünf Hektar Kulturlandes kommen, andernfalls ist sie zu unterlassen.
3. Den Nachkommen ist die Veräufserung des Grundeigentums, das ihnen von den Vorfahren überkommen ist, verboten, ausgenommen, wo gesetzliche Bestimmungen diese zulassen.
4. Jeder, der in Gemeinschaft nicht bleiben will, erhält von den übrigen in der Hauskommunion bleibenden Mitgliedern seinen Anteil in Geld oder als Hypothek, die allmählich amortisiert werden mufs. Doch bekommt der Abgeteilte bei dieser Abfindung etwas weniger als den realen Anteilswert, um den leichten Austritt aus der Hausgemeinschaft zu verhüten.

Dieses Gesetz soll so lange dauern, bis die Intensivität des Ackerbaues in Serbien sich so gesteigert hat, dafs auch die Einzellebenden für ihren Unterhalt genug haben[1].

Auf demselben Kongresse wurde bezüglich dieser Frage folgende Resolution gefafst: „Die Mitglieder sind überzeugt, dafs der Hauskommunion heute und in der Zukunft eine grofse wirtschaftliche Bedeutung zuerkannt werden mufs neben den

---

[1] T. Tomić, Beitrag zur Lösung der Hauskommunionsfrage (Ausgabe des Hauptverbandes der serbischen landwirtschaftlichen Genossenschaften, Heft 13, 1901).

anderen landwirtschaftlichen Genossenschaften. Der Kongreſs meint, daſs die Erhaltung der Hauskommunion für den Bestand des gemeinsamen Eigentums an Grund und Boden von besonderer Wichtigkeit ist. Darum soll der Ausschuſs des Kongresses bei der Regierung vorstellig werden, daſs auf gesetzlichem Wege die hauskommunistischen Verhältnisse geregelt werden müssen, so daſs die Hauskommunionen als Organisationen des gemeinsamen Eigentums existieren und sich vermehren können. Zu diesem Zwecke soll eine Enquete stattfinden."

Vierter Abschnitt.
Die Hauskommunionen als wirtschaftliche, soziale und politische Institutionen.

1. Die Vorzüge der Hauskommunionen.

Es ist gewifs nicht der geringste Vorzug der Hauskommunion, dafs sie der Zersplitterung entgegenwirkt, welche eine notwendige Folge der Realteilung des Grundbesitzes im Erbgange ist. Durch das Zusammenbleiben des Familiengrundbesitzes ist eine rationellere Bewirtschaftung ermöglicht, Vergeudung von Land durch Grenzfurchen und Zufahrtswege ist geringer, kurz all die Vorzüge, die auch in Deutschland bei der Agitation für das Anerbenrecht und die Zusammenlegung hervorgehoben werden, lassen sich in derselben Weise auch für die Hauskommunion geltend machen.

Dasselbe gilt auch hinsichtlich des nötigen Kapitales. Während für die Hauskommunion nur ein Wirtschaftsgebäude erforderlich ist, bedarf jede der einzelnen Individualwirtschaften ein besonderes Haus für sich. Ebenso kann bei gemeinsamer Bewirtschaftung gespart werden am Betriebsgeräte, Arbeitsvieh und dergleichen, wie auch Einkäufe aller Art billiger erfolgen können, weil es der Hauskommunion ermöglicht ist, in gröfseren Mengen einzukaufen und weil sie ceteris paribus einen gröfseren Kredit geniefst als die Individualwirtschaft.

Über Anerbengut hinaus hat jedoch die Hauskommunion noch den besonderen Vorteil, dafs sie nicht nur die erforderlichen Arbeitskräfte stets als Familienmitglieder im Hause hat, sondern auch eine zweckmäfsige Arbeitsteilung erleichtert. Die Arbeit in der Hauskommunion erstreckt sich keineswegs nur auf landwirtschaftliche Arbeiten und die Besorgung des Haushalts; soweit möglich, werden in derselben auch alle anderen Bedarfsartikel der Mitglieder, Kleider, Schuhe, Möbel u. s. w., hergestellt. Dadurch ist es ermöglicht, dafs den kräftigeren Mitgliedern eine Arbeit zugewiesen wird, die ihre Kraft völlig ausnutzt, ohne dieselbe zu vergeuden oder zu ruinieren. „Jeder nach seiner Fähigkeit" ist das Leitmotiv der Hauskommunionsarbeiten. Weil dem so ist, kann in der Hauskommunion verhältnismäfsig mehr produziert werden als in der Einzelfamilie, obwohl bei letzterer der Gedanke, dafs man arbeitet für sich und die allernächsten eigenen Angehörigen, der Gedanke ferner, dafs besonderer Fleifs nicht Fremden, sondern dem Fleifsigen selbst zu gute kommt, ein Ansporn ist, dessen Bedeutung im allgemeinen nicht geleugnet werden darf. Aber man braucht nur in einem Dorfe die Einzelfamilien und die Familiengemeinschaften hinsichtlich ihres wirtschaftlichen Erfolges zu vergleichen und man wird sofort überzeugt sein, dafs die Arbeitsteilung in der Hauskommunion über alle psychologischen Vorzüge der Individualwirtschaft triumphiert.

So bedeutend die wirtschaftlichen Vorzüge der Hauskommunion auch sein mögen, so bin ich doch keineswegs geneigt, sie so hoch zu veranschlagen wie ihre soziale Bedeutung. Das starke Familienband, das in der Hauskommunion nahe und entferntere Verwandte umschliefst, bedeutet einen sicheren Schutz gegen das Verarmen des einzelnen, der nur auf sich angewiesen ist. Lockert sich dieses Band und werden die einzelnen mehr oder weniger freiwillig veranlafst, die Stütze der in der Hauskommunion vereinigten Familien preiszugeben, so mag vielleicht der eine oder andere, vom Glück besonders begünstigt, mehr zu erreichen vermögen als es ihm innerhalb der Hauskommunion gelungen wäre; aber die Regel wird doch die sein, dafs bei der erforderlichen Realteilung im Erbgange die Wirtschaften immer kleiner werden und schliefslich trotz allen Fleifses ihrer Besitzer diesem eine gesicherte Existenz nicht mehr gewähren und ihn dem Proletariat zuführen. Schon jetzt arbeiten in Serbien über 30 Prozent der Eigentümer ohne Zugvieh, was bei dem extensiven Betriebe Serbiens besonders bedenklich ist. Wenn man allerdings erwägt, dafs nach der Statistik nur etwas über 1 Prozent der selbständigen Einwohner ohne eigenes Haus sind, so mag man geneigt sein, anzunehmen, dafs eine wirtschaftliche Not in Serbien so bald nicht zu befürchten ist. Aber diese Häuser repräsentieren zum Teil doch nur einen recht geringen Wert und befriedigen nur gerade noch die recht bescheidenen Ansprüche ihrer Bewohner. Auch der Prozentsatz der landwirtschaftlichen Bevölkerung, die ohne Land ist, beläuft sich auf nur 3,26. Im übrigen orientiert über die Grundbesitzverteilung die in der Einleitung mitgeteilte Tabelle.

Es steht fest, dafs die Zahl derer, die nur „von der Hand in den Mund" leben, die Zahl derjenigen, die das Proletariat bilden oder diesem doch nahestehen, in den letzten Jahren infolge der ständig stärker werdenden Auflösung der Hauskommunion im Wachsen ist. Das ist um so bedenklicher, als gleichzeitig in Serbien auf dem Lande zu beobachten ist, dafs das einst so starke Solidaritätsgefühl unter der Bauernschaft zu schwinden scheint. Ich will nicht behaupten, dafs dafür der Niedergang der Hauskommunion allein verantwortlich gemacht werden kann, aber sicher ist doch, dafs die Hauskommunion eine Pflegstätte des Geistes der Solidarität war.

Wir wissen bereits, welche Bedeutung für das Staatsleben die Hauskommunion im Mittelalter vor der Unterjochung des serbischen Volkes durch die Türken hatte. Da die Türken soweit wie möglich das Verwaltungssystem, welches sie vorfanden, übernahmen, so blieb auch unter ihnen die Hauskommunion eine Basis für das Steuersystem, speziell für die sogenannte Rauchsteuer. Dazu kam jedoch nunmehr ein stärkerer Trieb von dem serbischen Volke selbst, die alte Hauskommunion möglichst zu erhalten. War sie doch der einzige Halt der Nation in der schlimmsten Zeit, wo es keine Führer des Volkes mehr gab, wo sie ersetzt wurden durch beutegierige Türken. In der Hauskommunion wurden nationale

Sitte und nationales Fühlen bewahrt, sie bildete die Stütze für diejenigen Mitglieder, welche als Heiducken hinauszogen, um den Türken so viel als möglich zu schaden. Sicher ist auch, dafs die von Erfolg gekrönte Nationalerhebung im Anfange des 19. Jahrhunderts sehr wesentlich der Hauskommunion zu danken ist. Sie machte es in den vieljährigen Kämpfen möglich, dafs immer gleichzeitig ein Teil der Männer mit der Waffe in der Hand draufsen auf dem Feld für nationale Freiheit kämpfen konnten, während der andere für Befriedigung der materiellen Bedürfnisse sorgte. — Wohl wissen auch die Hauskommunionen, was sie in der Vergangenheit bedeuteten und die Erinnerung daran wachzuhalten betrachten sie auch heute noch als eine Ehrenpflicht. Abends, nach des Tages Arbeit, kamen alle Mitglieder der Hauskommunion, Männer und Frauen, Greise und Kinder zusammen; dann wurde in gemeinsamen Liedern, durch die Erzählungen der Alten das wieder aufgefrischt, was die Vorfahren Grofses geleistet, wie die Freiheit errungen worden ist. So kommt in die Mitglieder ein echt nationaler Geist, der sich auch dann nie verleugnet, wenn über Aufgaben des Vaterlandes in der Gegenwart gesprochen wird. Einseitigen Interessenstandpunkt wird man da niemand einnehmen sehen; es ist das grofse Ganze, das man stets im Auge hat. Und so war denn von jeher die Hauskommunion in sich selbst ein Vorbild für gesunde Staatsverwaltung und gleichzeitig die Basis der echten Demokratie, welcher Serbien so viel verdankt.

Fassen wir alles das zusammen, was wir über die Lichtseiten der Hauskommunion sagen konnten, so wird die Behauptung gerechtfertigt sein, dafs Serbien in der Hauskommunion mit allen ihren wirtschaftlichen, sozialen und politischen Vorteilen einen Nationalschatz besitzt, dessen es sich nicht ohne Not entäufsern sollte.

Vivian hat diesem Gedanken mit folgenden trefflichen Worten Ausdruck verliehen: „In der Tat vereinigt die Zadruga in sich die Vorteile des kleinen und des grofsen Eigentums. Sie schützt das Volk vor Armut und sorgt für den einzelnen im Falle der Krankheit und des Alters in einer Weise, wie das eine soziale Gesetzgebung niemals erreichen kann. Sie ist eine Idealeinrichtung, um den Bauern glücklich und zufrieden zu erhalten . . . . vernichtet man die Zadruga, so wird man dafür Armenhäuser errichten müssen[1]."

2. Erklärung des Niederganges der Hauskommunionen.

Trotz der zahlreichen und glänzenden Lichtseiten der Hauskommunion kann es doch gar keinem Zweifel unterliegen, dafs sie ständig mehr und mehr zurückgeht, ja, dafs sie, wenn nicht Gegenmafsnahmen getroffen werden, in absehbarer Zeit dem Untergange geweiht ist.

Wie ist diese auffallende Tatsache zu erklären?

Zunächst kann es nicht geleugnet werden, dafs die Hauskommunion nicht ohne Schattenseiten ist, deren bedenklichste wohl die sein dürfte, dafs infolge der schablonenhaften Gleichheit das Individuum nicht zur vollen Entfaltung seiner Kräfte kommt, und bei allen denen, welche das Gefühl haben, dafs sie, losgelöst von den Fesseln der Hauskommunion, zu höherem gelangen könnten, eine Mifsstimmung Platz greift. Diese wird um so stärker werden, je mehr in die Augen fallende Erfolge auf wirtschaftlichem Gebiete von einzelnen errungen werden. Derartige Erfolge waren in früheren Jahrhunderten selten; sie werden naturgemäfs um so häufiger, je mehr Serbiens Nationalwirtschaft mit der Weltwirtschaft sich verknüpft, je mehr die Naturalwirtschaft von der Geldwirtschaft verdrängt wird, je mehr endlich die Errungenschaften der modernen Technik dem Handel, dem Ackerbau, der Industrie zu teil werden. Gleichzeitig mit diesen äufseren Änderungen vollzogen sich nicht minder wichtige innere geistige Umwälzungen. Der individualistische Gedanke, der sich seit den Tagen der französischen Revolution und Adam Smiths rasch in den Kulturstaaten Eingang verschafft hatte, er fand, seitdem das Serbenvolk wieder eine Selbständigkeit erlangt hatte, auch in ihm begeisterte Apostel, deren Wirken nicht ohne Erfolg blieb. Mag man dies auch im allgemeinen freudig begrüfsen, es ist doch zu be-

---

[1] Vivian, Servia, the Poorman's paradise, London 1897, S. 159 ff.

dauern, dafs der individualistische Geist in Serbien zu schnell und zu gründlich siegte. Ein Beweis dafür ist es, dafs man im Jahre 1844 das französische Gesetzbuch in Serbien einführte, zwar mit einigen Modifikationen, aber doch nicht in einer solchen Form, wie es für die Wirtschaftslage Serbiens, die naturgemäfs von derjenigen Frankreichs in nicht wenigen Punkten durchaus verschieden war, notwendig gewesen wäre. Es ist hier nur an das zu erinnern, was im anderen Zusammenhange über die Bedeutung des code civil für die Hauskommunion mitgeteilt wurde.

Dabei hat man freilich nicht aufser acht zu lassen, dafs nach der Befreiung von der Türkenherrschaft für die Serben ein wichtiger Grund für die Fortentwicklung der Hauskommunion wegfiel, wie denn auch mit der nationalen Selbständigkeit die Möglichkeit engerer Verbindung mit den europäischen Kulturstaaten gröfser wurde; was für Folgen dies hatte, wurde oben bereits erwähnt.

Das scheinen mir im allgemeinen die Hauptursachen des Niedergangs der Zadruga zu sein, wenn auch gewifs noch andere Momente dabei mitgewirkt haben mögen; sie sind doch ohne Zweifel nur sekundärer Natur, so z. B. die Zanksucht der Frauen, die Krauss[1] an erster Stelle verantwortlich machen will. Es ist in der Tat eine Art Frauenemanzipationsbewegung innerhalb der Hauskommunion zu konstatieren, und erklärlich genug ist sie, wenn man in Erwägung zieht, dafs die Frau in der Hauskommunion nur „weibliches Mitglied", im eigenen Hause dagegen die Hausfrau ist, „die herrschet weise im häuslichen Kreise."

---

[1] Dr. F. Krauss, Sitte und Brauch der Südslaven, S. 108. Vgl. auch M. Kowalewsky, Tableau des origines . . ., S. 127.

Printed by Libri Plureos GmbH
in Hamburg, Germany